LÉO FARAH

"Uma incrível jornada iniciada antes da maior operação de busca e salvamento do mundo, em Brumadinho."

HISTÓRIA REAL

SOBRE BOMBEIROS E HERÓIS

LÉO FARAH

"Uma incrível jornada iniciada antes da maior operação de busca e salvamento do mundo, em Brumadinho."

HISTÓRIA REAL

SOBRE BOMBEIROS E HERÓIS

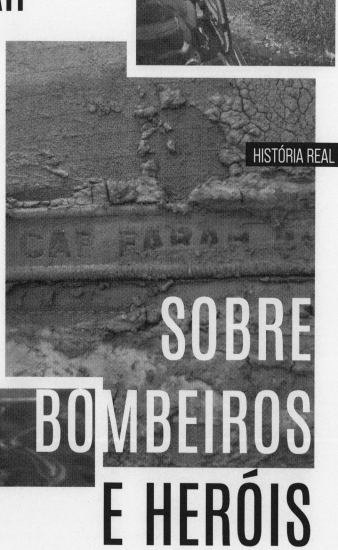

LETRAMENTO

Copyright © 2021 by Editora Letramento
Copyright © 2021 by Leo Farah

Diretor Editorial | Gustavo Abreu
Diretor Administrativo | Júnior Gaudereto
Diretor Financeiro | Cláudio Macedo
Logística | Vinícius Santiago
Comunicação e Marketing | Giulia Staar
Assistente de Marketing | Carolina Pires
Assistente Editorial | Matteos Moreno e Sarah Júlia Guerra
Designer Editorial | Gustavo Zeferino e Luís Otávio Ferreira
Revisão | Daniel Rodrigues Aurélio (Barn Editorial)
Fotos de capa | Arquivo pessoal (superior), Douglas Magno/AFP (central) e Douglas Magno (inferior)

Todos os direitos reservados.
Não é permitida a reprodução desta obra sem
aprovação do Grupo Editorial Letramento.

Dados Internacionais de Catalogação na Publicação (CIP) de acordo com ISBD

F219s	Farah, Leo
	Sobre bombeiros e heróis / Leo Farah. - Belo Horizonte, MG : Letramento, 2021.
	256 p. ; 15,5cm x 22,5cm.
	Inclui anexo.
	ISBN: 978-65-5932-137-7
	1. Bombeiros. 2. Salva-vidas. 3. Heróis. I. Título.
2021-4180	CDD 363.37092
	CDU 614.842.83

Elaborado por Odilio Hilario Moreira Junior - CRB-8/9949

Índice para catálogo sistemático:
1. Bombeiro 363.37092
2. Corpos de bombeiro 614.842.83

Belo Horizonte - MG
Rua Magnólia, 1086
Bairro Caiçara
CEP 30770-020
Fone 31 3327-5771
contato@editoraletramento.com.br
editoraletramento.com.br
casadodireito.com

AGRADECIMENTOS

À Deus, sempre ao meu lado;

À minha família;

Ao meu sócio e amigo Fernando;

À todas dificuldades e pedras no caminho, pois graças a elas sou mais forte que ontem e mais preparado para amanhã.

Dedicado aos alunos do CSSEI 2018 e as Joias de Brumadinho.

Enquanto houver 1% de chance, teremos 100% de fé.

sumário

- 9   **APRESENTAÇÃO**
  Fernando Queiroz

- 13   **PREFÁCIO**
  Ricardo Amorim

- 15   **PRÓLOGO**

- 19   **NÃO HÁ DIA FÁCIL**

- 43   **MENTE IMBATÍVEL**

- 65   **O CURSO QUE NÃO TERMINOU**

- 87   **DESISTIR NÃO É OPÇÃO**

- 103   **25 DE JANEIRO DE 2019**

- 105   **ACONTECEU DE NOVO**

- 117   **NÃO HÁ SINO**

145	CAFÉ E FÉ
159	UMA DOR ABSURDA
175	O DIA MAIS LONGO DA MINHA VIDA
209	NINGUÉM FICA PARA TRÁS
219	ATÉ QUANDO SEU CORAÇÃO MANDAR
227	APRENDIZADOS DE UM DESASTRE
239	JOIAS
243	**FOTOS**

APRESENTAÇÃO

Fernando Queiroz

Agente e amigo

Heróis são conhecidos como personagens praticamente indestrutíveis, incansáveis e invencíveis, que utilizam algum poder especial para enfrentar um inimigo, ajudar alguém que está em perigo e, assim, salvar o mundo.

A ficção é normalmente a forma que os torna mundialmente conhecidos através de quadrinhos, cinema, TV, *streaming* e games. São admirados principalmente por crianças e jovens que estão em busca de referências para sua formação como cidadão e para a absorção de valores que no senso comum parecem ser os mais corretos para o bom funcionamento de uma sociedade civilizada. Esses heróis da ficção podem inspirar e transmitir para um enorme grupo de admiradores a ideia de que é melhor escolher o caminho certo, mesmo que seja o mais difícil, pois no final o bem sempre irá vencer o mal. Essa crença, mesmo que imaginária, proporciona uma sensação de segurança e uma esperança de justiça, fazendo acreditar que, apesar dos muitos perigos que podem interromper as certezas de cada rotina e causar perdas irreparáveis a qualquer pessoa, ainda assim é possível enfrentar os medos, superar os próprios limites e seguir vivo no jogo.

O fator da admiração acaba por fazer confusão na diferenciação entre ídolos e heróis. Ídolo é alguém reconhecido por um talento. É tão qualificado, envolvente e elaborado que se torna uma referência e é visto quase como uma divindade para um determinado grupo de fãs. Constrói uma trajetória profissional planejada para se relacionar com esse grupo, exercendo até alguma influência. Tem a capacidade de transmitir mensagens que causam reações positivas ou até negativas, se algo acontecer fora das expectativas que foram criadas. Precisa buscar um perfeito equilíbrio entre ter visibilidade e manter a privacidade. Por isso, um momento de sua atenção é muito valorizado e pode se tornar algo importante – até mesmo vital – para alguns desses seguidores. Muitas vezes é justamente com o gesto simples de se dedicar a atender um problema relevante de outra pessoa, fã ou não, que um ídolo se transforma em um herói de verdade.

Heróis de verdade são feitos de carne, osso, responsabilidades e sentimentos. Normalmente não podem seguir um roteiro que se repete. Surgem na história de alguém que precisa de ajuda, decidindo fazer parte disso para que essa pessoa possa ter o final mais feliz possível.

O superpoder de um herói de verdade aparece no instante de dificuldade de outra pessoa, permitindo mudar o rumo de uma história triste e até mesmo trágica. Sua atitude pode inclusive mudar a história de outras pessoas que também serão impactadas de alguma forma depois desse acontecimento, criando uma onda com um alcance a perder de vista. Mas um herói de verdade não age preocupado em ser lembrado por essa onda que iniciou. Simplesmente faz o que tinha que ser feito com os "poderes" que possuía naquele instante. E surge porque provavelmente já foi impactado por outras ondas que iniciaram antes dele descobrir que possuía tantos poderes.

Um exemplo é uma pessoa que tem medo, insegurança, sonhos, sente dores, adoece, sofre e também precisa enfrentar muitos problemas no seu cotidiano, mas se diferencia por possuir um apurado instinto de proteção e uma disponibilidade para ação, que algumas vezes se revela numa atitude extraordinária no ato de ajudar alguém, um filho, um amigo ou um desconhecido, mesmo sem saber que possuía tanta força e capacidade para fazer isso.

Outro exemplo são os muitos profissionais que estão vestindo um jaleco branco e enfrentando a pandemia de covid-19. Médicos e enfermeiros estão na linha de frente de combate a esse inimigo invisível e altamente destrutível, que já deixou dezenas de milhões de doentes e causou centenas de milhões de mortes no Brasil e no mundo, inclusive alguns desses heróis. Essas perdas provam que são de verdade.

Desde a minha infância, eu sempre acreditei que os bombeiros são heróis de verdade. Muitos amigos e crianças naquela época também achavam incrível ver aquele caminhão vermelho, imaginando que a roupa que usavam era antichamas, que podiam ficar pendurados em grandes alturas e tinham o poder de combater o fogo. Só de passar na frente de um quartel já nos gerava uma sensação de proteção. Dentro daquela cabeça que misturava mais a ficção e a realidade, aquilo era como estar passando em frente a caverna do Batman. Entendo que essa inocência não seja a mesma nos dias de hoje, pois muitos novos heróis da ficção surgiram nas telas com poderes ainda mais alucinantes. Entretanto, o que nunca mudou é que quando um acidente de verdade acontece, ainda precisamos ligar rapidamente para o 193 e chamar os meus velhos heróis.

Recentemente, porém, aprendi com um bombeiro de verdade que eles "não são heróis". Ele me explicou que para os homens e mulheres que escolheram essa profissão, ajudar é um dever. Treinam muito e se preparam para colocar a própria vida em risco quando uma pessoa está em perigo, pois alguém precisa fazer esse trabalho.

Tentei argumentar, mas para ele salvar vidas é algo tão natural quanto a atividade de um professor que também precisa se preparar para enfrentar grandes dificuldades e até a falta de recursos para transformar muitas histórias e, de alguma forma, salvar vidas dentro de uma sala de aula. Ou seja, o resultado de um trabalho é consequência de uma série de esforços para a profissão escolhida ou que a pessoa teve a oportunidade de desenvolver. Por isso, não há como eleger a melhor profissão do mundo. Para cada pessoa deve (ou deveria) haver uma melhor profissão ou ocupação que se encaixe com suas características, necessidades, motivações e que lhe permita colaborar para que outras pessoas possam escrever suas melhores histórias.

Para esse amigo, heróis de verdade são "pessoas comuns" que, mesmo sem treinamento e independentemente de conhecimentos específicos, ajudam a salvar outras pessoas. São aquelas que surgem ao perceber uma emergência, um problema de alguém ou uma determinada necessidade relacionada a uma dificuldade física, econômica, social, emocional, moral, ambiental ou de qualquer outra natureza.

Não se limitam a colaborar por meio de apoio financeiro, que em alguns casos certamente pode proporcionar melhoras nas condições a curto e médio prazo. Muitos participam apenas com um pouco daquilo que tem, como experiência, tempo ou simplesmente afeto. No caso, esses heróis de verdade são mais conhecidos como "voluntários".

Portanto, não é necessário ser bombeiro, pois há muitas formas de ajudar a salvar pessoas. Basta não ignorar o sonho ou a dificuldade de alguém, fazer um pouco mais e saber que é possível ir além de seus limites, principalmente se uma vida estiver em risco.

É isso que este livro conta, a partir da experiência e do olhar desse amigo e capitão dos bombeiros que dedica sua vida para ajudar a salvar pessoas de diversas formas, valorizando e respeitando a farda de uma corporação que continua a ser admirável pela responsabilidade que assume e pela maneira que inspira.

Apesar de os bombeiros e os heróis não agirem para receber aplausos, eles merecem. E quando agem juntos podem mudar o rumo de histórias e salvar vidas.

PREFÁCIO

Ricardo Amorim

Economista

Histórias de super-heróis nos fascinam. Elas são fascinantes porque nos levam para um mundo onde nossos medos e limitações ficam para trás e são dizimados por poderes que adoraríamos ter, mas não temos.

Quem não gostaria de voar ou ter a força do Super-Homem ou ter a capacidade de curar ou conseguir manipular energia como a Mulher-Maravilha?

Os super-heróis são incríveis, mas se deixarmos, eles tiram de nós, humanos, nossos próprios poderes. Se deixamos apenas aos super-heróis a possibilidade e a responsabilidade de heroísmo - afinal eles têm poderes que nós não temos - abrimos mão do potencial maravilhoso, que todos temos, de fazermos coisas que vão muito além do que normalmente nos consideramos capazes.

Discordo do Léo Farah quando ele diz que bombeiros não são heróis porque foram preparados para fazer o que fazem. Alguns super-heróis nascem com super-poderes; outros desenvolvem seus super-poderes. Uns não são mais heróis do que outros. Que bom, para o bem de toda a sociedade, que alguns, como o Léo, desenvolveram seus super-poderes,

Se discordo quanto aos bombeiros não serem heróis, eu não poderia estar mais de acordo com o Léo quanto à ampla existência de heróis do dia a dia, que quando a situação os chama, dedicam-se de corpo e alma a ajudar, da melhor maneira que podem, geralmente sem contar com nenhuma preparação para isso.

Este livro já seria fundamental se servisse apenas para entreter e louvar estas pessoas e suas histórias incríveis, mas na minha opinião, o que o torna leitura obrigatória é mostrar que esta semente de heroísmo existe em cada um de nós. Para que ela germine, basta perdemos o medo de regá-la e aceitarmos, cada um de sua forma, os chamados que a vida nos traz para gestos maiores ou menores de heroísmo. Respondendo a estes chamados, nós acabamos nos descobrindo capazes fazermos e sermos mais do que pensávamos e, no processo, descobrindo a nós mesmos.

Os super-heróis que me desculpem, mas eu prefiro os heróis da vida real, heróis de carne e osso, como o Léo e cada uma das pessoas que você vai conhecer neste livro. Boa leitura.

PRÓLOGO

– ... BEMAD!

O rádio estava falhando e eu não consegui ouvir o alerta.

Ainda estávamos nas primeiras horas da operação de buscas em Brumadinho, logo após o rompimento da barragem de rejeitos de minério.

Assim que chegamos naquele local e sobrevoamos uma área imensa coberta de lama, encontramos um cenário avassalador e eu sabia que aquela seria a maior missão de minha carreira.

Estudos de casos reais revelam que algumas pessoas já conseguiram sobreviver por muitos dias embaixo de escombros. Essas estatísticas trazem para nós e para os familiares e amigos das vítimas uma chance maior de ainda encontrarmos alguém com vida nos primeiros sete dias da operação. Mas logo percebi que ali precisaríamos de algo além de estatísticas.

A lama estava muito fluída e tomava conta de todos os cantos, até mesmo de nossas fardas. Invadiu casas, cobriu veículos e arrastou o que encontrou pela frente por vários quilômetros. O número de pessoas desaparecidas era realmente assustador. Apesar disso, minha única certeza era que nós não iríamos desistir.

Eu conseguia me movimentar pela lama com muita dificuldade. O esforço que tinha que fazer para sair daquela "areia movediça" era desgastante demais e se somava a todas as tensões de um momento como aquele. Inclinava meu corpo, levantava uma perna, jogava para frente e avançava apenas alguns centímetros por vez. Bem de longe, do outro lado da margem do rio de lama, eu avistava uma outra guarnição de bombeiros. Pelo fardamento de cor laranja, também eram de nosso batalhão, o BEMAD – Batalhão de Emergências Ambientais e Resposta a Desastres.

A cena traduzia bem os militares que escolhiam e eram selecionados para trabalhar nesse grupo de operações especiais. Alguns dizem que aquilo que fazemos não é normal. Se traduzirmos do inglês, a frase "BE MAD" significa "seja louco". Para muitas pessoas não parece ser normal colocar a própria vida em risco para salvar a vida de alguém que nem conhece em missões que aparentemente são impossíveis. Ouvimos isso desde 2015, quando juntamos um pequeno grupo dentro da nossa corporação e começamos a realizar uma série de treinamentos duros e exaustivos, nos quais os alunos precisam ficar sem dormir, molhados, com fome, sem água e muitas vezes cobertos de lama. Ou seja, são profissionais que se preparam muito, muito mesmo, para ter a motivação de sair de casa e enfrentar uma situação de perigo extremo. É por isso que, para mim, loucos ou heróis de verdade são aqueles ajudam a salvar uma vida sem treinar muito.

Desde que ingressei no Corpo de Bombeiros e descobri que minha missão era ajudar outras pessoas, ao sair de casa para trabalhar meu filho muitas vezes me perguntava:

– Pai, que horas você volta?

No começo da minha carreira isso mexia demais comigo, pois eu sabia que meu filho ainda não conseguiria entender a única certeza que tenho quando embarco para uma ocorrência: "Uma missão só acaba quando termina".

Realmente era desafiador se jogar naquela lama de rejeitos de minério misturada com pedaços de árvores, telhados, móveis e muitos outros destroços para procurar centenas de pessoas que até aquele momento ainda estavam desaparecidas. Pior, outra barragem estava prestes a romper.

Quando olhei para o lado vi que o sargento Ferreira continuava atolado quase até o pescoço.

– Ferreira, você conseguiu ouvir o alerta pelo rádio?

– Estamos sem sinal, capitão.

– Desliga e liga de novo. Aconteceu alguma coisa.

Ele fez exatamente isso e quase por um milagre, o rádio funcionou. Então ouvi algo que não queria:

– CORRE, BEMAD! ROMPEU!

Por um instante congelei. Meu pensamento voltou para 2015, quando quase morri ao lado de dez militares de minha equipe que decidiram ficar comigo em Bento Rodrigues, naquela madrugada após o rompimento da barragem em Mariana, numa situação muito parecida com aquela.

Rapidamente retomei meu foco para onde estávamos. Precisávamos sair imediatamente dali. Percebi no horizonte que o volume de rejeitos aumentava. A lama líquida corria mais rápido e o barulho de uma onda parecia vir em nossa direção.

– Ferreira, corre!

– Não dá, comando! Tô preso! Pode ir.

– Nós vamos sair juntos daqui.

Eu me lembrei do nosso treinamento, de cada vez que colocávamos os alunos soterrados, de olhos vendados, dentro de um buraco cheio de lama, lembrando que a lama gruda e reduz a temperatura do corpo bem mais rápido. Como instrutor, eu recebia reclamações, dizendo que o curso de operações em desastres era muito duro e que aquelas situações dificilmente aconteceriam na realidade. Mas o treinamento também se baseava justamente em desastres que ninguém esperava que poderia acontecer. Eu mesmo já havia participado de alguns. O que ninguém esperava é que poderia acontecer uma tragédia pior. E se isso acontecesse eu esperava que ao meu lado pudessem estar os homens e as mulheres que passaram por esse treinamento, que não ensinava apenas técnicas de resgate, nem buscava aqueles que se mostravam mais fortes fisicamente. O curso tornava a mente mais forte e selecionava aqueles que não desistiriam.

Agora, eu e Ferreira estávamos mais uma vez naquele tipo de situação, enquanto uma onda de lama se aproximava. Mas eu não deixaria ninguém para trás. E isso ficou ainda mais claro quando percebemos que os Bombeiros não estavam sozinhos nessa missão.

NÃO HÁ DIA FÁCIL

Dezembro de 2018. Era final de mais um ano intenso e eu finalmente entraria de férias.

Ainda era tenente da corporação a qual eu estava dedicado desde 2004, o Corpo de Bombeiros Militares de Minas Gerais. E nós havíamos acabado de realizar um Curso de Operações em Desastres, que denominamos como CSSEI – Curso de Salvamento em Soterramentos,

Enchentes e Inundações. Assim como ocorrera em outras edições, eu e os instrutores estávamos exaustos, próximos do limite físico e mental. Se para os alunos é difícil, para os instrutores também é. Foram quase trinta dias intensos de frio, fome, sono, medo e de muitos desafios superados. O CSSEI é certamente um dos treinamentos mais completos, duros e exaustivos para bombeiros e socorristas, e já naquela época havia se tornado uma referência no Brasil e no exterior. E dessa vez o curso seria ainda mais importante.

O rompimento da barragem de rejeitos de minério em Mariana, em 2015, foi considerado o maior desastre ambiental do mundo. A lama chegou até o litoral do Espírito Santo e encontramos corpos a mais de cento e sessenta quilômetros da última localização. Fomos acionados e imediatamente chegamos ao local, quando pudemos resgatar pessoas que ainda estavam sendo arrastadas pela lama no instante em que sobrevoávamos a região. Além disso, mais de setecentos pessoas que estavam na rota da lama puderam ser atendidas por nós nas primeiras horas e durante aquela primeira madrugada, enquanto a lama seguia seu rumo até o oceano. Mesmo assim, essa tragédia deixou 19 vítimas fatais e ficou ainda mais claro a importância de levarmos ao extremo os treinamentos para esse tipo de operação.

Apesar de muitos acreditarem que algo pior nunca mais aconteceria, eu sempre gostei de dizer que deveríamos estar preparados para o impossível. O que aconteceu em Mariana tornou-se uma referência de como deveríamos nos preparar. Mesmo que tentássemos reproduzir algumas situações de maneira controlada no ambiente de um curso – um grande deslizamento de terra, por exemplo –, nós jamais conseguiríamos simular tudo que ocorreu naquele dia 5 de novembro de 2015, quando a barragem rompeu. Por isso, durante esse treinamento fizemos uma visita técnica ao local do desastre em Mariana, levando os alunos para ver de perto a amplitude de toda a destruição e para sentirem a tristeza que ainda habita aquele local. Por mais que as muitas fotos e vídeos mostrassem o tamanho desse desastre, só é possível estar mais próximo das dificuldades, das perdas e dos sentimentos envolvidos que ainda estão por lá, se esses militares que buscavam se preparar para grandes operações de salvamento pisassem naquela lama, tocassem nos objetos e entrassem nas casas e nos sonhos que foram destruídos.

O cheiro, a poeira que ainda sobe enquanto se caminha por aquelas ruas das áreas atingidas pela lama, os brinquedos, as peças de roupa, as imagens sacras, as fotos e outros itens que se encontram presos ao chão, as paredes destroçadas que parecem ter sido pintadas de marrom compõem um cenário no mínimo triste para qualquer ser humano que possa imaginar o que ocorreu ali naquele dia. Portanto, não adianta criarmos treinamentos físicos apenas duros e exaustivos se não conseguirmos despertar alguns sentimentos importantes em quem algum dia poderá enfrentar uma situação como aquela.

Para mim, sempre que retorno àquele local, infelizmente tenho a sensação de uma missão não cumprida, de um dos maiores fracassos da minha carreira como bombeiro militar, pois não conseguirmos localizar uma das 19 vítimas. Não lembro do nome de todas pessoas que ajudei ao longo de minha carreira, mas o do Sr. Edmirson é algo que carrego comigo até hoje.

Ao contrário do que muitos pensam, o fracasso é uma oportunidade de aprendizado, ao menos para buscarmos nos preparar para que ele nunca mais ocorra. Os impeditivos para encontrarmos o Sr. Edmirson só fez com que eu procurasse me especializar mais, treinar mais e tentar desenvolver melhores técnicas e táticas para não deixar mais uma família sem uma resposta e o direito de encerrar um ciclo com a dignidade merecida, mesmo que quisesse acreditar que não haveria mais uma tragédia como aquela.

Ao final das buscas em Mariana, eu acreditava que aquela teria sido a maior e mais difícil operação que eu participaria em minha vida. É provável que muitos dos bombeiros que atuaram após os atos terroristas de 11 de setembro de 2001, nos Estados Unidos, também tenham pensado que nunca mais enfrentariam uma outra operação como aquela, principalmente por terem acompanhado a perda de muitos companheiros que estavam ali para salvar outras pessoas nas torres gêmeas do World Trade Center, em Nova York. No total, 343 profissionais que foram atender aquela emergência perderam sua vida nos desabamentos dos prédios e mais de duas centenas faleceram depois da tragédia por doenças adquiriram naquele dia – a "doença do 11 de setembro". Mas tenho certeza de que aqueles que sobreviveram ao atentado e seguiram em frente certamente estão bem mais preparados e prontos para enfrentar algo até mesmo mais difícil.

Não foi tão simples implementar o nosso primeiro curso. Após eu ter apresentado o planejamento, ouvi à época:

– Um mês de treinamento? Você vai ficar um mês treinando esses caras recém-formados? E se eles forem transferidos?

– E se eles não forem transferidos? – respondi.

Pensar que um desastre poderia ocorrer e que deixamos de treinar para ele me deixava desconfortável.

Minas Gerais é um estado com muitas riquezas, como a ampla diversidade de suas belezas naturais, a receptividade de seu povo, o sotaque acolhedor e também as propriedades de seu solo. Isso permite o amplo desenvolvimento da atividade mineradora, que dá origem ao nome do estado. Essa importante atividade econômica para cidades grandes, pequenos distritos do interior e para o país, quando é combinada a outros fatores naturais, requer atenção para que se desenvolva de forma responsável, inclusive para ação rápida numa situação de emergência, que não é comum, mas é possível. Costumo dizer que barragens não são feitas para romper, mas se acontecer, precisávamos estar preparados.

Assim iniciamos o GSSEI – Grupo de Salvamento em Soterramentos, Enchentes e Inundação – em 2012. Na verdade, éramos um bando de alucinados por operações especializadas que treinava para essas situações. Naquela época não tínhamos muitos equipamentos, materiais e estrutura logística. Mas tínhamos muita boa vontade.

No final de 2018, selecionamos mais uma turma de militares interessados em participar de uma etapa do Curso de Operações em Desastres – vou chamá-lo assim para facilitar o entendimento – que iniciou na manhã de 19 de novembro com 45 bombeiros. A maioria era de Minas Gerais, mas havia militares de outras regiões do país e até estrangeiros, que viam nesse treinamento a oportunidade de entrar para o grupo especial de resgates de suas corporações. Nesse ano havia uma peculiaridade, pois estávamos recebendo dois alunos da Argentina, bombeiros de Buenos Aires, que vieram ao Brasil para se capacitar, numa troca de conhecimentos que salvam vidas.

Um mês antes do curso, tive a oportunidade de ir ao Chile para realizar um treinamento, denominado "Curso de Busca e Resgate em Estruturas Colapsadas de Nível Avançado", que era considerado um dos melhores na América Latina. Lá conheci bombeiros de vários locais, dentre eles o capitão Gabriel Rey Leon, chefe da Companhia de Salvamentos Especiais de Buenos Aires. Ficamos amigos e mostrei para ele o curso que já desenvolvíamos no Brasil, especificamente em Minas

Gerais. O capitão argentino se interessou muito e quando eu disse que teríamos mais uma turma em novembro daquele ano, então Leon decidiu enviar dois dos seus melhores combatentes para tentar fazer o curso. Digo tentar, pois muitos tentam e nem todos se formam.

Lembro de um curso que ministramos para a Força Nacional. Dos 62 alunos ingressantes somente 32 se formaram. Não que um instrutor goste de eliminar candidatos, até porque didaticamente poderia ser entendido como uma incompetência do próprio em capacitá-los, como se não fosse capaz de passar conhecimentos a ponto de tornar o aluno capaz de executá-los. Um possível desejo de não formar não é o princípio de um bom líder, ainda mais daqueles que desejam salvar vidas e entendem que o trabalho em equipe é fundamental para essa missão. No entanto, assim como ocorre em outros tipos de treinamentos ou concursos, a maioria dos alunos que desistem não são eliminados por não possuírem condições técnicas, nem por incapacidade ou exaustão física. Eles tocam o sino e pedem para sair por questões psicológicas.

Em nosso curso, o sino é o terror dos alunos e, justamente por isso, ele está sempre lá, acessível. Toda nova turma começa com três toques do sino e termina com três toques, mas ao longo dessa jornada sempre surgiam outros três toques. Os alunos tocam o sino quando não resistem aos desafios e às fortes pressões do treinamento, pois fazem parte das operações reais. Tocar o sino é a libertação daquele momento estressante do curso, mas o som das três batidas permanece incomodando o aluno por um longo tempo e, ao contrário do que muitos pensam, traz um estímulo de resistência aos demais alunos que permanecem no curso, para que sigam em busca de sua formação. Não há dia fácil.

O foco da preparação é para a atuação em desastres, sobretudo para eventos que frequentemente ocorrem no período chuvoso. Por isso, os alunos devem ficar molhados praticamente ao longo de todos os dias e noites. E quando não está chovendo, os instrutores fazem chover.

A primeira semana, que chamamos de semana administrativa ou semana zero, é mais teórica. Os alunos têm em média 16 horas de instruções todos os dias, e a partir do segundo dia já aplicamos provas teóricas. Nessas avaliações, aqueles que zeram são eliminados. Os alunos que acertam menos de 70% das perguntas passam por uma prova oral com cinco perguntas. Se erram três respostas, são eliminados. Os alunos que ficarem abaixo da média em três provas também são eliminados.

Qual é o objetivo dessa dinâmica inicial? Desgastá-los mentalmente ao máximo. A quantidade de informação é tão grande que os alunos decidem virar a noite estudando para não serem eliminados nas provas. E não são provas teóricas como todos pensam, em salas de aulas organizadas, numa cadeira normal. Muitas vezes os alunos fazem as provas em banquetas de três pernas ou em pé, dentro de buracos, com capacete, luvas e óculos de proteção, ouvindo músicas atordoantes na maior altura possível, no escuro com lanternas (para aqueles que tem lanternas), debaixo de chuva, banhos de mangueira e até mesmo dentro da piscina. Apesar das questões serem até fáceis para o nível de conhecimento dos alunos que se dispõem a fazer esse curso, o tempo da prova é curto. Por exemplo, nas provas na piscina os alunos têm apenas um quarto do cilindro de ar comprimido para respirar. Em outros momentos, frequentemente há um instrutor por perto para incomodar de alguma forma e confundir, dizendo que o aluno está marcando a resposta errada, mesmo quando a resposta está correta, ou até xingando, chamando-o de burro e de outros adjetivos que apenas os alunos que suportam a primeira semana sabem. Ou seja, há muitas dificuldades que são criadas para que os alunos mantenham o controle e aprendam a trabalhar confortavelmente no desconforto. O fato é que praticamente todos pegam recuperação pelo menos uma vez.

Mesmo sendo a teoria o foco da semana, isso não quer dizer que não havia tarefas e exercícios práticos. E foi assim desde o primeiro dia, fazendo aqueles homens e mulheres entenderem que ali não era uma Disney para bombeiros.

Depois de montarem suas barracas no acampamento onde ficariam desconfortavelmente hospedados nos próximos dias, surpreendemos os alunos com uma chamada noturna. Por volta das 23h, ao som de apitos, reunimos todos e pedimos que se organizassem em grupos, devendo pegar a pá de campanha que deveria fazer parte de seu equipamento, ordenando que cada grupo iniciasse a escavação de um buraco de um metro e meio de profundidade por um metro e meio de largura e de comprimento. Assim, demos a ordem para iniciarem. Enquanto alguns cavavam desesperadamente ao mesmo tempo, outros aplicaram algumas técnicas, como o revezamento. Tudo era observado, pois também era uma forma dos instrutores começarem a identificar melhor o perfil e o conhecimento de cada um deles.

Em determinado momento da tarefa, apitamos e pedimos para que parassem e medissem o tamanho de cada buraco. Alguns grupos estavam adiantados e outros bem atrasados. Pedimos então para os grupos trocarem de buraco. Assim, um deveria continuar o trabalho do outro. Era uma das lições que tirariam logo na primeira noite, afinal, tanto os bombeiros, quanto os profissionais de outras áreas muitas vezes precisam estar preparados para complementar ou suportar o trabalho de um companheiro, principalmente quando fazem parte de uma equipe.

Quando o relógio marcou 1h da madrugada, depois de quase duas horas de muito esforço, encerramos a tarefa. Já tínhamos visto o suficiente e o que buscávamos ali não era identificar quem cavava mais rápido. No dia seguinte faríamos uma visita de campo na área atingida pela lama em Mariana, justamente onde havíamos realizado as operações de buscas no desastre de 2015. Informamos ao Xerife que os alunos deveriam ser chamados às 3h43, para em seguida organizá-los para o embarque nos veículos, pois às 6h01 eles realizariam a primeira prova escrita.

Xerife é o aluno que os instrutores escolhem como o encarregado para liderar a tropa por um período determinado, devendo conferir se todos os alunos estão prontos no horário correto e equipados da maneira certa, colocar todos em forma e passar o anúncio para os instrutores, ou seja, informar que a tropa está em condições para seguir com a missão.

A precisão dos horários das tarefas era uma maneira de exercitar a mente e fixar na memória de todos que cada segundo importa.

Como os alunos praticamente não dormiram do primeiro para o segundo dia, pois muitos ficaram estudando depois da tarefa de escavar buracos, não deveria haver atraso para essa chamada. Mas nós, instrutores, sempre tínhamos alguns subterfúgios e na hora do anúncio, mudamos o local da chamada para confundi-los e, como esperado, houve atraso. Por conta disso, o coordenador-geral de curso, tenente coronel Ângelo, mandou o "Xerife" imediatamente dar um mergulho na piscina gelada, ainda de madrugada, e orientamos todos os alunos a embarcar, para que não se atrasarem ainda mais.

O tenente-coronel Ângelo era naquela época o comandante de nosso batalhão, do Batalhão de Emergências Ambientais e Resposta a Desastres (BEMAD), uma iniciativa muito importante para as características e necessidades do estado de Minas Gerais, embora interagisse com outras regiões do país e do exterior. Nesse batalhão há duas companhias, a Companhia de Emergências Ambientais e a Companhia de Busca e Salvamento, da qual eu era o comandante e onde temos o Pelotão de Busca e Salvamento (PBS), e o Pelotão de Busca e Salvamento com Cães (PBUSCA).

Essa era a primeira vez que nosso Curso de Operações em Desastre estaria sob responsabilidade de um tenente-coronel e havia duas razões para isso. A primeira era que eu já estava cansado de responder procedimentos internos na corporação, tendo que explicar porque os alunos ficavam sem comer, molhados, sem dormir... enfim, os motivos de tantas pessoas desistirem. Sempre que um aluno batia o sino, jurava que a culpa era do instrutor. Isso me rendia algumas queixas e ter que explicar que desistir era um desejo do aluno dava uma dor de cabeça tremenda. Então, com um tenente-coronel à frente do curso, eu imaginava que não teria tantos problemas quanto a isso. Doce ilusão.

A segunda razão era que o subcomandante, à época capitão e o segundo na hierarquia do nosso batalhão, estava inscrito para fazer aquele curso e, considerando meu respeito à estrutura militar, eu deveria tomar um cuidado especial, afinal, além de ser meu chefe direto em "outra vida" – dizíamos que o curso era um mundo paralelo ao mundo real do batalhão –, eu e ele já tivemos algumas desavenças, que são comuns num ambiente de trabalho, principalmente naquele que demanda decisões importantes em situações de emergência que impactam no salvamento de vidas. Nada fora do normal, mas em alguns momentos nós pensávamos de maneira diferente. Então, por ser um período de relação ainda mais desgastante entre alunos e instrutores, eu não queria ouvir de qualquer pessoa que o curso era uma forma de descontar algo. Assim, qualquer tipo de tarefa um pouco mais pesada, que poderia ser normalmente aplicada a qualquer aluno, deixava para o tenente-coronel Ângelo repassar a esse aluno, a fim de evitar a fadiga quando saíssemos daquele mundo paralelo e voltássemos para a realidade de nosso batalhão. Desde o princípio eu tinha a certeza de que o subcomandante se formaria. Ele era bom tecnicamente e não daria o braço a torcer para qualquer tarefa que fosse submetido.

O tenente-coronel Ângelo era um ótimo comandante para o batalhão, pois liderava pelo exemplo. Ele não havia feito o Curso de Operações em Desastre, mas como coordenador submeteu-se a atividades que os alunos fizeram: ficava acordado enquanto os alunos estavam acordados, sem comer pelo mesmo tempo que eles e naturalmente molhado, pois não havia tempo ruim para ele. E ainda pediu para fazer as provas teóricas. Era um excelente comandante e foi um bom instrutor. No meu ponto de vista ele só tinha um defeito para o curso: tinha um coração muito bonzinho para os alunos em alguns momentos. Por mais que tentasse e precisasse ser carrasco, ele não conseguia ir muito fundo nisso. De qualquer forma, o curso teria essa necessidade de um equilíbrio entre um coordenador mau e um bom, a fim de originar a simpatia do aluno e depois desestabilizá-lo mentalmente, pois a vida é assim e os alunos estavam ali para experimentar isso.

– Xerife, 206, tá todo mundo aí? – perguntou o tenente-coronel Ângelo.

– Está todo mundo aqui, senhor! – responde gritando o Xerife, ao voltar encharcado da piscina.

Outro fator interessante desse curso são os números. No primeiro dia todos perdem suas patentes e seus nomes para receber um número, que será sua identidade até o final do curso ou até quando bater o sino. Aquele curso se iniciava com o número 184, o subcomandante, e ia até o 228. A intenção é que todos se percebam em igualdade no ambiente do curso, deixando de ser sargento, cabo, tenente, capitão ou major. Pode até não parecer, mas a retirada do nome e da patente mexe muito com a "ordem das coisas", pois um instrutor, que pode até ser subordinado de algum aluno naquele ambiente, deve dar as ordens e tornar mais difícil a vida dele. Além disso, mexe com o lado psicológico e funciona inconscientemente da mesma forma que dizer que você deixou de ser quem era e agora passa a ser apenas mais um número. Acredite, só isso já abala muitas pessoas.

– Tem certeza, Xerife? – perguntei, como sempre fazia para qualquer pergunta que era direcionada para algum aluno.

Perguntar se ele tem certeza é como afirmar que ele está errado, pois os instrutores sempre querem gerar a dúvida. A intenção do curso é justamente essa – que todos saibam trabalhar com a incerteza.

– Sim, senhor! – respondeu o Xerife, certo de que todos jamais perderiam o primeiro dia de prova, mas deixando transparecer sua cara de pânico, de quem começava a desconfiar que algo diferente estava acontecendo.

Eu era o coordenador técnico do curso. Na verdade, sempre tive essa função, desde que propus a criação do curso, que a meu ver e dentro das minhas perspectivas é o processo de capacitação e qualificação mais difícil da corporação mineira e de outras localidades, passando a ser até mesmo uma referência no exterior. Quando vimos a necessidade de lançar um Curso de Operações em Desastres, a vontade era de fazer algo inovador, que pudesse mexer com o psicológico dos interessados que buscavam esse treinamento. Para isso, passei quase um ano estudando alguns métodos, teorias e práticas de outros treinamentos dedicados às equipes de operações especializadas, identificando quais eram os conceitos principais, as potencialidades que queríamos desenvolver e os tipos de atividades que levavam uma pessoa a chegar no limite do seu estresse físico e mental. Assim, fiz com que tudo isso estivesse presente no curso. Há somente uma coisa que se aplica em alguns treinamentos de operações especiais de determinadas equipes militares e policiais: a possibilidade de um terceiro causar dor em um aluno. Eu não conseguia justificar isso para os objetivos do nosso curso; até então, achava que na atividade de bombeiro eu jamais vivenciaria isso em operações reais. Mal sabia que iria viver algo assim numa missão em Moçambique, na África, no ano seguinte. Mas essa é outra história.

Assim que o Xerife me respondeu positivamente, embarquei em uma das vans e ao fechar a porta falei para um instrutor que estava ao meu lado:

– Pode anotar... Vai dar merda.

Separamos as vans para o número exato de instrutores e alunos que estavam no curso. Todos já estavam embarcados, então notei que um dos assentos estava vago. Ou seja, um aluno foi abduzido por alienígenas, fugiu – isso já aconteceu em outro curso – ou o Xerife contou errado. Como instrutor, eu precisava saber como aquilo seria resolvido pelo responsável, o Xerife, e como isso iria impactar todo o grupo. Então mandei o motorista tocar em frente, rumo a Mariana.

Às 4h09 recebi uma mensagem no telefone, que logo em seguida foi apagada. Mas, como pude identificar o remetente, eu o respondi. Era o aluno 188.

Esta mensagem foi apagada

— Bom dia.

—*Sr. Coordenador, bom dia.*

— Bom dia.

—*Sem desculpas, mas meu telefone caiu embaixo do colchão, não ouvi tocar.*
—*Estou na barraca.*
—*O que faço?*

Pedi para o motorista parar a van imediatamente.

Eu já sabia o que aconteceria. Qualquer aluno que perdesse uma atividade estaria automaticamente eliminado do curso. Era assim, sem dó, nem piedade, pois a realidade dos casos que os bombeiros atendem são assim. Se um bombeiro perde um chamado, a pessoa que está precisando de sua ajuda pode morrer. Não há uma segunda chance para a vida.

Assim que as vans pararam, fui até a outra van onde estava o tenente-coronel Ângelo e reservadamente expliquei a situação.

—Você tá com o regulamento do curso aí? – ele me perguntou.

— Tô sim, comandante.

Fui até a van, peguei o regulamento na minha pasta e abri direto no artigo que falava sobre "Exclusões".

Qualquer aluno que perder uma chamada, deixar de estar a postos em sessenta segundos ou se recusar a fazer qualquer atividade, estará automaticamente eliminado do curso.

Vale dizer que sessenta segundos é o tempo máximo estimado para um bombeiro estar dentro da viatura preparado para atender um chamado.

Ou seja, o aluno 188 havia adquirido seu tíquete de volta para o mundo real e muito possivelmente não teria mais a oportunidade de entrar para uma equipe especializada de operações em desastres.

— OK, 01. Pode comunicar o 188 que ele está eliminado.

Este era o meu número, 01. Não por ser o idealizador do curso, mas porque fui o instrutor-chefe do primeiro curso e fiz todas as atividades junto aos primeiros 23 alunos. Para que eu exigisse qualquer coisa de um aluno eu deveria mostrar que era possível cumprir e ainda deveria ser sempre o primeiro a fazer as atividades.

O primeiro curso foi mais difícil, pois tínhamos que testar tudo, cronometrar os tempos, ver os erros e as possibilidades de melhorar, avaliar se conseguiríamos ficar sem comer, antes que um aluno ou um instrutor desmaiasse e pudesse comer duas castanhas de caju.

Lógico que algumas situações são acrescentadas à medida que participamos de operações reais e verificamos que as atividades e oficinas poderiam ser feitas. Por exemplo, um resgate de pessoas presas às ferragens de um carro soterrado embaixo de uma laje com mais de dez toneladas. Pode parecer um exagero, mas essa foi uma ocorrência real que atendemos em janeiro de 2012, na cidade de Ouro Preto, quando houve um deslizamento do Morro do Piolho que atingiu a rodoviária da cidade e dois taxistas foram soterrados. Foram quase dois dias de empenho das equipes de resgate, buscando uma forma de acessar o veículo e avaliando a melhor maneira de retirar a terra e a laje de cima do taxi para resgatar as duas pessoas. Confesso que naquela época eu pensava que essa seria a ocorrência mais difícil que eu participaria. Eu estava muito enganado.

Fato é que após uma operação mais complicada, nós tentávamos reproduzir as características no curso para que na hora de uma nova situação real, aqueles militares já soubessem das diferentes dificuldades e pudessem ter conhecimento suficiente para buscar a melhor solução para as vítimas e para quem mais pudesse ser impactado.

Então, mandei uma mensagem para o 188:

— 188 tá no QAP[*1]?

— Tô sim, senhor 01.

— Infelizmente pelo regulamento o Sr. está desligado.

— Entendo perfeitamente.

— Não tenho o que dizer. Obrigado pela oportunidade. Nunca senti tanta vergonha na minha vida.

— Cara... não é para sentir vergonha.

— A culpa é do Xerife.

— E a vida dele aqui vai virar um inferno.

---

1 QAP: na escuta

E isso realmente aconteceria. Saber mexer com o psicológico dos alunos era algo que eu sabia fazer e bem. E há um sentido prático em fazer isso nesse curso.

Embarcamos novamente nas vans e os alunos ainda não estavam entendendo o motivo de paramos na rodovia, mas já sabiam que algo aconteceu. Ou iria acontecer. Assim que chegamos ao destino, foi dada a ordem.

– Xerife! Desembarca a tropa, coloca todo mundo em forma e apresenta o pelotão.

Imediatamente todos desceram de baixo de uma nevoa forte, típica das manhãs daquela região. Colocar em forma é a maneira de enfileirar os militares proporcionalmente em colunas para fazer a contagem.

– Atenção, Curso! Curso, sentido! Cobrir! – disse o Xerife rapidamente.

Os alunos entraram em forma rapidamente.

– Curso, firme! Atenção para o anúncio!

O Xerife nem havia contado a tropa e veio em minha direção para fazer o anúncio, certo de sua missão cumprida.

– Seu monstro, já estamos atrasados. A prova era pra iniciar as 6h01 e já são 6h03. São cinquenta minutos de prova. O senhor acha que eu vou atrasar meu planejamento ou vou diminuir o tempo de prova?

Dava pra ver o pânico na cara do Xerife. É o que chamamos de efeito "olhos de Mônica", quando ficam esbugalhados como a expressão da famosa personagem infantil. Assim, aproveitei para continuar:

– Mais uma coisa. O Xerife contou o pelotão?

Imediatamente ele virou para a tropa que estava enfileirada e começou a contar. E logo percebeu que alguém estava faltando.

– Pode parar de contar, Xerife. Tá faltando um – emendei. – Você pelo menos sabe quem está faltando?

O Xerife tentava identificar pelos rostos e números das braçadeiras e capacetes, mas antes que terminasse, eu o avisei:

– É o 188.

Os instrutores aumentaram a pressão sobre o Xerife, com o intuito de fazê-lo entender as responsabilidades sobre a tropa e para a missão que assumiu:

— Tá faltando alguém, Xerife?

— Deve ter pulado da van em movimento.

— Você perdeu um combatente, Xerife?

— Será que alguém da sua tropa morreu em combate e você nem notou? O que você vai dizer para a família dele agora, Xerife?

Então, o tenente-coronel Ângelo interrompeu:

— Vamos, Xerife. Agiliza esse anúncio.

— Mas, senhor, tá faltando o aluno 188 – disse o Xerife em pânico.

— E eu com isso, Xerife? Esse é um problema seu e não meu. O 01 precisa aplicar a prova e o senhor tá atrasando a vida de todo mundo. Já são 6h08 e até agora você não prestou o anúncio.

Eu estava gostando daquilo, pois quanto mais o Xerife demorava para agir, menos tempo eles teriam para fazer a prova, mais pressionados ficariam e, assim, restariam apenas aqueles que melhor se ajustassem às pressões e incertezas. Para melhorar ainda mais o nível de dificuldade e complicar a situação deles, começava a chover e os alunos teriam que fazer a prova em pé e encharcados.

— Sim, senhor! Curso, sentido! Atenção para o anúncio. Senhor coordenador, aluno 206, apresento o curso em forma com 44 alunos de um total de 45. Uma alteração, senhor!

— Qual foi a alteração, Xerife? – perguntou o tenente-coronel Ângelo, que já sabia o que havia acontecido, mas queria saber agora como o Xerife lidaria com sua falha.

— Aluno 188, senhor!

As pressões aconteciam principalmente nas pequenas coisas. Enquanto a tropa estava sendo apresentada, os alunos ficavam imóveis na posição de sentido, com a chuva escorrendo em cima deles, num frio tremendo, às 6h e depois de uma noite mal dormida. A soma de todos esses detalhes é que fazia o curso ser ainda mais difícil. Mas era preciso levá-los a esse limite, pois a realidade facilmente pode ir muito além disso.

— E onde está o aluno 188, Xerife?

Silêncio total. Nenhum dos alunos poderia ajudá-lo, pois estavam em posição de sentido, sem autorização para falar ou tentar socorrer o Xerife.

– Ele é um membro de sua tropa, Xerife. Ele é sua responsabilidade. Uma voz de um instrutor lá do fundo rompeu o silêncio.

– Eu posso perguntar à tropa, senhor? O Xerife pediu permissão para tentar resolver aquele mistério.

– Lógico que pode, meu querido – respondi com uma cara amável. – Até porque cada minuto que o senhor demora, é um tempo menor para toda a sua tropa resolver a prova e a missão que vieram cumprir aqui. A meu comando! Curso, descansar!

O Xerife corre e se junta a tropa.

– Pessoal, alguém sabe onde está o 188?

Ninguém sabia o destino dele. Apenas o 189 disse tê-lo alertado na barraca após o chamado, mas não sabia se ele havia voltado a dormir mais. E foi isso que o Xerife resolveu falar.

– Atenção, curso. Pelotão, Sentido! Atenção para o anúncio! Senhor coordenador, aluno 206, Xerife de curso. Anuncio o pelotão em forma com 44 presentes, ficando o 188 no acampamento, senhor.

– Ao meu comando! Curso, descansar! – assumiu o tenente-coronel Ângelo.

Eu olhava para o relógio e ele já marcava 6h15. Menos tempo de prova significava mais pressão para eles.

– Então podemos desligar o 188 do curso, não é Xerife? Já que o senhor está informando que ele faltou a uma atividade por ficar no acampamento, ele deve ser desligado do curso? – perguntou o tenente-coronel Ângelo, transferindo a responsabilidade da eliminação de um companheiro para o Xerife.

"Olhos de Mônica" novamente. O Xerife não sabia o que responder e também não queria assumir esta responsabilidade. Ele me olhou e mostrei o relógio, fazendo-o entender que cada minuto que passava ele também estava ferrando todo pelotão. Então, um aluno rompeu o silêncio do Xerife:

– Com licença, senhor! Aluno 185! Já olharam dentro da van?

Que maravilha! Um aluno tentando mostrar serviço, trazendo ideias brilhantes. Logo respondi:

— Excelente, 185. Provavelmente ele ainda não deve ter percebido essa balburdia e tá escondidinho lá, fazendo vocês perderem tempo de prova. Ou então ele tá disfarçado de banco de van. Atenção grupamento, vou mandar fora de forma e quero que todos se dirijam até as nas vans e vasculhem os bancos, conforme sugerido pelo 185! Grupamento, sentido! Fora de forma!

Os alunos saíram correndo, mesmo sabendo que o 188 não estava na van. Esse é o efeito que chamamos de "barata voa". Demorou cerca de uns cinco minutos para o Xerife perceber que era burrice o que estavam fazendo e chamar a tropa em forma.

Novamente todo aquele processo, até que ele se dirigiu ao coordenador na frente da tropa:

— Senhor, pode desligar o 188 – disse o Xerife.

— Ok, 206 – respondeu o tenente-coronel Ângelo. – 01, assume o comando e pode iniciar a prova.

- Sim, comandante. Senhores, para a alegria dos instrutores e tristeza dos senhores, só terão 28 minutos, ou melhor, agora 27 minutos para fazer a primeira prova. São quinze questões abertas. Mantenham a distância mínima de cinco metros um do outro que vamos começar a distribuir as provas. Somente comecem a fazer a prova na hora que todos estiverem com elas em mãos.

Rapidamente os alunos se espalharam no terreno e receberam a prova. Continuava chovendo. Um dos alunos retirou do bolso uma manta aluminizada para servir de cabana e não deixar a prova molhar. Os outros que tinham as mantas observaram aquilo e começaram a fazer suas próprias cabanas. Fui entregando a prova um por um e quando cheguei próximo ao Xerife eu disse só para que ele ouvisse:

— O senhor esqueceu um companheiro pra trás. Já sabe que sua vida aqui vai ficar bem mais difícil daqui pra frente, não sabe?

— Sim, senhor – respondeu cabisbaixo o Xerife, já pegando a sua prova.

Naquele momento tínhamos certeza de que seria uma questão de tempo para que o aluno 206 desistisse do curso.

— Atenção! Agora vocês têm exatamente 25 minutos para finalizarem a prova. Prepara! Vai!

Ao som do "vai" os alunos começaram um processo louco. Mas olhei para um deles e vi que estava com a prova na mão, parado, sem fazer nada. Era um dos bombeiros argentinos. Eu me aproximei lentamente e perguntei.

– Hermano, porque diabo no está tomando el exame?

– Porque no tengo lapiz, señor!

– No hay problema, amigo, sabemos que siempre um estudiante olvida el lapiz. Entonces tenemos soluciones. Puedes elegir ir a Argentina a pie, de regresso y toma el exame o pudes tomar el examen con el lapiz del instructor.

– Me gustaria tomar el examen con el lapiz del instructor, señor.

Sempre um aluno esquecia seu lápis ou caneta para a prova. Já estávamos acostumados, pois era algo tão simples que acabava sendo esquecido, mas era fundamental para essa missão. Por isso, precisavam aprender uma lição. Então o sargento Gil, instrutor de número 07, guardava um lápis para os esquecidos. Era um tronco de eucalipto de cerca de um metro de altura com um diâmetro de cerca de vinte centímetros com um grafite na ponta. Ou então emprestávamos um lápis de cerca de um centímetro. Ambos demandavam muita destreza do aluno, entre tantas outras dificuldades.

– 07, por favor, trás um lápis para o 223 – esse era o número do aluno distraído.

O sargento Gil trouxe as duas opções. Os alunos não conseguiam se concentrar com aquela movimentação e ao verem os lápis, caíram na risada.

– Isso aí. Podem rir à vontade. Começa engraçado, fica sem graça e termina desgraçado. – gritou outro instrutor, o cabo Denílson.

O 223 olhou para os lápis e escolheu o pequeno. Eu disse a ele:

– Tenga cuidado de no perder, tenga cuidado de que la punta no se rompa y si necesita un afilador, puede usar la sierra de mano.

– Si, señor.

– Otra cosa. Ya que ha olvidado el lápiz, debe responder una pregunta adicional, y si se equivoca, se eliminará, tenga en cuenta: "¿Quién es mejor, Pelé o Maradona?"

Enquanto ele pensava o que responder, continuei:

– *Una cosita mas. Yo no compreendo español. Entonces tiene que dar las respuestas de manera que compreenda.*

Eu falava bem espanhol e o aluno percebia isso. Mas, novamente, era mais uma forma de desviarmos a atenção dos alunos e desconcentrá-los durante um exame teórico que poderia eliminá-los.

– *Pelé, señor* – rendia-se o fã de Maradona, ainda com um pouco de sotaque.

Faltando ainda uns dez minutos, começo a ouvir um som inconfundível que sempre esteve presente em nossos cursos: o frango de borracha.

Nós usávamos o frango para várias finalidades, mas a principal delas é para que servisse para extravasar a tensão. O curso era muito estressante e, como em toda atividade que necessita de muita atenção, era necessário um alívio. Para isso, algumas empresas têm salas de jogos, videogames, bares, yoga e até mesmo banheiras. Nós escolhemos um frango de borracha.

Era amarelo, com cerca de trinta centímetros e fica com a boca constantemente aberta, como se estivesse gritando. Ao ser apertado emite um barulho tão esquisito e tão engraçado que era difícil segurar o riso. Para se ter uma ideia do quão ele é eficiente, o treinamento do exército americano tem uma prova durante a qual os militares não podem rir ao serem submetidos ao terrível frango de borracha.

Assim que o frango gritava, a maioria dos alunos não conseguia segurar o riso. O tenente-coronel Ângelo passava de aluno em aluno dizendo que o frango estava dando a resposta da prova e que iria reprová-los. Enquanto isso o tempo da prova estava chegando ao fim.

– Tempo! Levantem suas mãos! – apitei e ordenei que parassem imediatamente, conforme recolhíamos as provas.

Eu olhava para as provas uma por uma e via várias questões em branco. Ao ver a prova do argentino, comecei a rir. Em vez de responder em português, ele fez desenhos para que eu entendesse.

Reuni todos os alunos e começou uma seção para deixá-los um pouco mais tensos.

– Senhores, o que aconteceu hoje é inadmissível. Os senhores esqueceram um companheiro para trás e isso é gravíssimo. A culpa maior é do Xerife, claro, mas todos tem responsabilidade pelo grupo. Eu ainda não sei o que vamos fazer, mas a minha vontade é eliminar o Xerife, mas o regulamento não permite e temos que obedecê-lo. Então, se eu se fosse ele sentiria vergonha de, na posição de comandante, esquecer um combatente meu para trás. Durante uma missão não há dor pior que a perda de um companheiro, pois será algo que tem que carregar para o resto da vida. Nunca se esqueçam disso. Aliás, Xerife, enquanto o senhor permanecer nesse curso eu não vou deixá-lo esquecer disso. Agora os senhores farão a visita técnica na mineradora.

Eu ainda não sabia o que fazer, mas o Xerife iria se arrepender e tocaria o sino para ir embora.

Ao chegar na mineradora, havia uma mesa pronta com café da manhã. Os olhos dos alunos brilhavam, pois fazia tempo que não comiam nada. Perguntei:

– Tá com fome, Xerife?

– Tô sim, senhor!

– Aqui tem pão de queijo, frutas, queijo, presunto, um tanto de coisa! Quanto que você acha que é suficiente para os alunos, Xerife?

Eu adorava surpreender com esse tipo de pergunta, pois ela criava pânico nos alunos. Eles nunca sabiam o que responder e, independente do que respondessem, eu conseguia contornar a situação para aumentar a tensão.

– Um de cada, senhor!

– Ok.

Eu sabia que ele estava se referindo a uma unidade de cada alimento para cada aluno, mas como ele não especificou, peguei um pão de queijo, uma fatia de queijo, uma banana, uma maçã, uma fatia de presunto, um pão de sal, um copo de café, uma bolacha e coloquei em uma mesa separada.

– Eu quis dizer um de cada para cada aluno, senhor! – o Xerife tentava agora ser mais específico.

– Você quis dizer, mas não disse. Assim como você não quis esquecer seu companheiro, mas esqueceu.

Sei que pode parecer terrível, até desumano, mas a nossa intenção é que todos ali identifiquem seu limite e o superem. Ou desistam. Não apenas o limite físico, mas o psicológico, que pode fazê-lo manter ou perder o controle numa situação de emergência e estresse. Nessa situação criada o pior não seria comer pouco. O problema era ver que havia recursos, mas não estavam acessíveis naquele momento. Isso tem fundamentos operacionais com base em acontecimentos reais que vivenciamos operacionalmente. Por isso, aqueles que não se preparam para isso, não devem assumir essa missão.

E assim os alunos seguiram o dia apenas com aquele café da manhã compartilhado.

Eles puderam visitar o distrito de Bento Rodrigues. Eu não quis acompanhá-los. Apesar daquele lugar me trazer a lembrança de uma operação que parecia impossível e onde salvamos mais de quinhentas pessoas com vida, ela também me lembrava o Sr. Edmirson. Eu sabia que tínhamos feito o melhor e que foi uma missão cumprida, mas não foi uma missão completa e isso era inadmissível, pelo menos para mim. Ainda carrego esse sentimento e esse nome, pois acredito que ninguém pode ser deixado para trás.

É por isso que treinamos com frio, sono, fome e nos submetemos a muito estresse mental antes de encarar uma missão real. Não podemos falhar num ambiente de forte emoção, quando precisamos agir com a razão para salvar vidas.

Fui para onde estava o tenente-coronel Ângelo.

— E aí, comando? O que vamos fazer com o Xerife?

— Uai, Farah, vamos mandar ele pra piscina.

— Só isso? Um mergulho gelado?

— Não! Ele é o 206. Vamos mandá-lo 206 vezes pra piscina.

— Entendi, comandante. Mas temos que arrumar um jeito de fazê-lo sentir a responsabilidade. Se me mandassem entrar 206 vezes eu iria, mas não pediria baixa.

— E o que faria você bater o sino?

— Sei lá. Eu sou teimoso. O senhor sabe. Mas, se prejudicasse alguém por minha causa eu acho que pediria pra sair.

– Então vai ser isso! Vamos mandar todos pra água.

– E se mandarmos cada aluno ir para a piscina e somente o Xerife ficasse seco?

– Melhor. Vamos fazer assim, de 6 em 6 minutos, um aluno vai pra água, e só vai parar se o Xerife pedir para sair.

– Por que de 6 em 6 minutos?

– Só pra dificultar a conta.

– OK. Mas se o Xerife não der baixa, o que eu acho pouco provável, não dá pra ficarmos nisso até o último dia de curso.

– Se ele não der baixa na primeira semana, a gente alivia para os alunos e o Xerife começa ir para água.

– Combinado. Vamos dar a notícia quando chegar no acampamento?

– Pode ser, mas já vai fazendo um terror na cabeça deles para irem sofrendo e remoendo. Não é essa a sua ideia para o curso, que tenham desgaste mental?

– O senhor tá aprendendo rápido, hein comando?

Ri daquilo. O tenente-coronel Ângelo já tinha captado rapidamente os fundamentos e o espírito da coisa.

Assim que a visita técnica terminou, o Xerife reuniu os alunos e os colocou em forma.

– Com licença, senhor 01. Aluno 206, Xerife do turno, apresento o curso em forma com 44 militares do total de 45. O aluno 188 foi desligado.

– Apresentado, Xerife. Agora pode desconsiderar o 188. Ele "morreu" e por isso não faz mais parte dessa tropa. Já deve ter feito o ritual de desligamento.

No acampamento tínhamos uma área dedicada ao "cemitério", onde os alunos que desistiam faziam uma cruz e colocavam sua braçadeira junto ao túmulo, simbolizando seu desligamento. Não havia nada pior do que a tropa entrar em forma, olhar para o cemitério e ver que ali tombaram companheiros que ficaram pelo caminho, que não conseguiram cumprir uma missão.

Se ilude quem imagina que os melhores são aqueles que se formam no curso. Não tem nada disso. Os que se formam são aqueles que cumprem todas as atividades. Já houve curso no qual parentes de alunos faleceram e eles pediram o desligamento. Em outras ocasiões, militares excelentes adoeceram muito e não conseguiam completar as provas. Lógico que também havia os fracos de espírito, de mente e de corpo, mas se formar no curso não queria dizer tudo. Nós tentamos elaborar um curso onde os alunos são privados de várias atividades básicas para ver se saberiam lidar com a escassez. Conseguir chegar até o final é um mérito grande, mas isso não quer dizer que o militar que eu quero ao meu lado numa grande operação seja simplesmente aquele que passou pelas provas. No momento de escolher entre maior habilidade ou maior confiança para meu time, eu sempre preferi aqueles que poderia confiar, mesmo que sua habilidade fosse baixa, como a de um novato que acabara de chegar e ainda não dominasse todas as técnicas.

— Senhores, embarquem rapidamente. Estou ansioso para chegarmos no acampamento e passar aos senhores uma maneira de não esquecerem e não deixarem mais nenhum companheiro para trás.

O clima de tensão havia retornado.

Eu gostava muito de ministrar nosso Curso de Operações em Desastres, pois não era só os alunos que estavam sendo treinados; os instrutores também eram levados ao limite, pois tinham que preparar toda a estrutura para que tudo desse certo nos mínimos detalhes e com segurança, sem espaço para erros. Num treinamento exaustivo como esse seria fácil alguém se machucar, mas nunca aconteceu um acidente. A não ser que pequenos afogamentos de alguns segundos sejam considerados acidentes.

Somando as minhas muitas leituras, estudos sobre técnicas de treinamento de operações especiais e experiências práticas, acredito que qualquer pessoa tenha capacidade de alcançar um nível acima do limite que ela imagina ter. E em nosso curso muitos alunos gostavam de se desafiar e ir além desse limite, mas sem se preparar, nem ter a certeza de conseguir superá-lo. Vale lembrar que os alunos não estão nesse curso para baterem marcas e entrarem para o *Livro dos recordes*. Esses homens e mulheres vão salvar vidas e esse é o seu verdadeiro troféu.

Por tudo isso é importante ter uma grande quantidade de instrutores durante o curso. Além de segurança, eles podem ficar observando de perto os comportamentos e os pontos fracos de cada aluno. Fome, sono, frio, ego. A partir dos chamados "super medos", podemos encontrar uma forma de fazer alguém encarar essa sua dificuldade para vencer a batalha, que era dele contra ele mesmo. E também era assim que conseguíamos fazer um aluno desistir do curso ou eliminá-lo – mas esse não é nosso verdadeiro interesse.

No segundo dia de curso já havia uma baixa e isso desestruturava os alunos, pois muitos achavam mesmo que não teríamos coragem de desligar alguém que tinha passado por um processo de seleção complicado para estar ali. Mas se eu não seguisse as regras e não desligasse alguém que não cumpriu o regulamento, que era claro e se aplicava a todos, para a próxima turma ou até mesmo ao longo daquele curso, não conseguiríamos fazê-los entender a responsabilidade que devem assumir ao se disponibilizar para qualquer missão, seja um trabalho de busca após o rompimento de uma barragem ou um "simples" acidente de trânsito. Para uma pessoa que está envolvida em uma situação de emergência não há ocorrência maior ou menor. Só o fato de um bombeiro chegar no local de uma ocorrência isso já cria instantaneamente um elo de confiança entre nós e a pessoa que, para ela, está enfrentando o momento mais difícil de sua vida, além de seus familiares e de todos aqueles que são ou serão impactados pelo resultado de nosso trabalho. E no nosso trabalho muitas vezes não há uma segunda chance e não há dia fácil.

No caminho de volta para o acampamento eu pensava em como a notícia dos mergulhos constantes na piscina abalaria os militares. Os instrutores também teriam que fazer um revezamento para vigiar os alunos, pois eu tinha certeza de que era muito cedo para acreditar que todos iriam voluntariamente para a água de madrugada. Eu sabia que aquela sequência de banho não duraria muito tempo, pois o Xerife bateria o sino e tudo voltaria ao normal.

O que eu não sabia ainda era que algo poderia deixar aquele grupo mais unido, porque o 206 tinha um motivo maior para não desistir.

MENTE IMBATÍVEL

— Vamos, Xerife! Coloca o bando em forma porque eu tenho um recadinho pra passar e animar as próximas horas ou dias.

Eu estava doido de vontade para dar a notícia dos mergulhos consecutivos na piscina, ainda mais àquela hora da noite, pois a prova e a visita técnica haviam demorado muito em Mariana e já estava tarde.

Para mim não faria diferença, mas para os alunos fazia, uma vez que eles teriam menos tempo para estudar para as provas seguintes.

— Atenção, curso! Curso, sentido! Atenção para o anúncio! Senhor coordenador, aluno 206, Xerife do turno, apresento o curso em forma com 45 previsto e 44 em forma!

— 44, Xerife? — perguntei, querendo colocar o Xerife em xeque.

— Sim, senhor! O aluno 188 foi desligado, senhor!

— E por que ele foi desligado, Xerife?

— Porque ele faltou à chamada, senhor!

— E por que ele faltou à chamada, Xerife?

— Porque eu conferi errado, senhor!

— Não, Xerife. Não foi porque o senhor conferiu errado. É porque o senhor "não conferiu". É porque o senhor está pouco se fodendo para seus companheiros. A culpa, Xerife, é sua, que abandonou um companheiro de combate para trás. O senhor me envergonha. O senhor envergonha esse curso e essa instituição.

Ao observar as turmas anteriores, notamos que os alunos chegavam ao Curso de Operações em Desastres cada vez mais bem preparados fisicamente. Então, seria necessário exigir mais esforço mental. Para isso, era preciso desestabilizar os alunos e as nossas palavras tinham um poder gigantesco. Falar que um aluno envergonha uma instituição de enorme credibilidade e respeito é muito pesado, mas esse era o objetivo. Todos nós sabíamos que aquela falha não era tão grave a esse ponto, ainda mais por ela ter ocorrido durante um curso que faz os alunos atuarem constantemente sob cansaço extremo, sujeito a cometer um erro que naquele momento poderia ser superado. Mas em uma ocorrência real eles jamais poderiam esquecer um companheiro para trás. Aqueles homens e mulheres de brio extremo certamente se abalavam com a possibilidade de manchar a instituição que escolheram representar e dedicar sua vida. É esse sentimento de responsabilidade absoluta que os torna diferente e prontos para assumir essa missão. Assim poderíamos saber quem teria resiliência mental suficiente para continuar o curso para depois enfrentar a realidade.

– A culpa não é só do Xerife. A culpa é de todos os alunos, pois eles entraram em forma e não notaram a falta de alguém. Será que o companheiro do lado e o de trás do 188 não perceberam a falta dele? Comandante, eu acho que os alunos fizeram de propósito. Acho que eles queriam eliminar o 188 para sobrar mais espaço e mais comida. – eu disse ao tenente-coronel Ângelo, que entendeu rapidamente o que eu estava fazendo.

– Verdade, Farah. Acho que o Xerife está sendo vítima de uma armação injusta. Um tipo de complô, de conspiração do grupo. Isso não pode acontecer aqui. Vamos fazer o seguinte. 206, você não é mais o Xerife. 184, venha aqui!

– Pronto, senhor, aluno 184!

– 184, de agora em diante, o senhor será o Xerife para o resto da sua vida como aluno nesse curso.

– Sim, senhor!

O aluno 184 era o subcomandante do nosso batalhão que estava participando do curso. O tenente-coronel Ângelo colocou o aluno de patente superior para chefiar o grupo, contando com a experiência de um oficial à frente da turma.

– 01, como parece que todos os alunos são culpados, é melhor mandar todos esfriarem a cabeça e nunca mais esquecerem um companheiro.

– Sim, comandante. A partir de agora, a começar pelo 184, de 6 em 6 minutos um aluno tem que se apresentar completamente molhado. O aluno 184 vai até a piscina, mergulha e volta para as atividades. Então 6 minutos depois vai o 185 e mergulha. Seis minutos depois, o 186. E assim por diante. Para não ocupar muito o tempo dos senhores, vocês poderão mergulhar de coturno mesmo, pois não quero atrapalhar a apresentação dos senhores em condições numa próxima chamada. O único que não vai se molhar é o 206. Mas os mergulhos vão durar até o aluno 206 desistir do curso. Entendido?

Naquele momento não sei se o que mais chocou foi a ordem para mergulhos intermináveis ou a pressão para a desistência do 206.

– Sim, senhor! – responderam os alunos em coro.

Fui me aproximando do novo Xerife e perguntei:

– O senhor tem alguma dúvida, 184?

– Não, senhor.

Era estranho o meu subcomandante me chamar de senhor. Eu sabia que ele aguentaria aqueles banhos, mas não tinha certeza em relação aos outros. Uma hora chegaríamos num limite ao criar intriga naquele grupo e, assim, o 206 iria dar baixa.

– Então vai lá, 184. Vai dar o primeiro mergulho.

Quando os alunos viram que mandei o subcomandante para a piscina, eles perceberam que aquilo não seria uma brincadeira divertida e, caso não se focassem mais, a situação de todos poderia ficar ainda mais complicada.

– Senhores, o relógio marca 21h37. A chamada de amanhã será às 5h03.

As horas quebradas também serviam para criar mais tensões, pois não havia possibilidade de atrasos. Quanto mais informações complexas, melhor para administrarem tantos fatores simultâneos.

– 185! O senhor é o "Aluno do Café".

Em todos os cursos nós estabelecíamos um aluno que seria o único responsável por fazer o café para coordenadores e alunos todos os dias. Os alunos eram privados de tudo, menos de café. Então era muito importante que não faltasse e, por isso, a responsabilidade desse aluno perante o grupo era maior. Se o Aluno do Café se machucasse, desistisse ou fosse eliminado do curso por qualquer motivo, todos os alunos ficariam também sem o cafezinho durante o restante dos dias.

Todos os dias, às 6h, o Aluno do Café tinha que deixar pronto uma garrafa com um litro e meio de café, mas não poderia ser feito de qualquer jeito. A água deveria ser fervida a exatos 98° C. Para isso, nós fornecíamos um termômetro para acompanhar a temperatura ideal. A água quente deveria ser colocada vagarosamente no sentido anti-horário, molhando todo o filtro. Só depois ele poderia colocar o pó, complementar com água quente e mexer com uma colher, também no sentido anti-horário. Um instrutor acompanhava eventualmente esse processo, pois tratava-se também de uma tarefa obrigatória e poderia causar penalidades a toda a turma.

Outra regra: tinha que ser sem açúcar. Sempre que me perguntam se quero adoçante ou açúcar falo que prefiro puro, pois minha vida é muito doce para adoçar. É engraçado como as pessoas abrem um sorriso quando alguém fala isso, ainda mais um bombeiro que convive diariamente com o lado nada doce da vida. Mas o motivo dessa regra não é um gosto pessoal. É uma forma de também limitarmos a energia que o açúcar pode injetar no organismo dos alunos, afinal precisávamos que seguissem mesmo sem esse combustível.

No meu caso, o café é fundamental, obrigatório e tem várias utilidades. Ele desperta energia em alguns momentos, traz respiro em outros, mas normalmente é uma maneira de me manter conectado às pessoas e ao momento. No curso ou em operações o seu preparo é uma "técnica militar", utilizada para trazer um pouco de normalidade num ambiente de caos.

Dessa vez escolhemos um militar que já trabalhava no nosso batalhão para ser o Aluno do Café. A verdade era que os alunos que trabalhavam conosco sofriam mais. Eles tinham menos comida, mais missões e, como já eram conhecidos dos instrutores, acabavam sempre sendo escolhidos para realizarem as tarefas mais difíceis.

A primeira garrafa que o 185 fez ficou tão ruim, mas tão ruim que ninguém conseguiu tomar, a não ser o sargento Gil, que nunca se preocupou com a qualidade de produto, nem com um processo de preparo mais adequado. Para ele bastava esquentar um pouco a água num recipiente qualquer, misturar o pó ali mesmo e depois passar em algum pano que estivesse por perto. Pronto: café.

— Agora vou liberar os senhores para dormir confortavelmente, lembrando que a chamada será às 5h03 e que a prova será às 6h01. Devo lembrá-los que haverá fiscalização de banhos na piscina. Durante toda a noite um instrutor estará observando o cumprimento da missão dos senhores na piscina. De 6 em 6 minutos, seguindo a ordem das braçadeiras, um aluno deverá dar um mergulho.

Assim que terminei de falar "mergulho", vi de longe o 184 todo ensopado, segurando a prancheta do Xerife e correndo para avisar ao 185 que ele já poderia tomar seu banho.

A prancheta do Xerife era um adorno um tanto peculiar, tendo cinquenta centímetros de comprimento, trinta de largura e vinte de espessura, que foi confeccionada com uma madeira maciça bem pesada pelo sargento Gil, que tinha uma habilidade ímpar para serviços de marcenaria. Todas as anotações deveriam ser feitas nela, então o Xerife tinha que carregá-la para todos os lados – era o "peso da responsabilidade" de sua função e ninguém poderia ajudá-lo.

– Senhor 01, aluno 184, Xerife do turno retornando da missão.

– Tá bom, 184. Quando os senhores voltarem do banho não precisam se apresentar, basta que o próximo vá cumprir a missão para que os senhores ganhem tempo, pois vai ser bem cansativo. A não ser que os senhores convençam o aluno 206 a bater o sino.

Olhei para o 206; ele estava de cabeça baixa. Dava pra ver na sua expressão que ele não aguentaria assistir todos os alunos se molhando e ele completamente seco. Eu tinha certeza de que em breve ele bateria o sino.

– Antes de liberar os senhores, quero ouvir a oração do curso.

A oração do curso tinha sido criada pelo tenente Firme, um grande amigo que fez o primeiro curso comigo. Ele é o 02. Extremamente metódico nas suas ações, raciocinava muito rápido e tinha um ótimo comando, mas não podia sentir frio. No curso, quando ele sentia frio, simplesmente parava de raciocinar, não conseguia pensar no que fazer, tremia tanto que mal podia falar direito. Esse era o seu ponto fraco e eu soube explorar bem isso durante o curso. Tenente Firme é uma pessoa fenomenal, um oficial exemplar, especialista em incêndio urbano, mas quis o destino que perdesse uma companheira de serviço durante um incêndio em um edifício.. Aquilo havia sido um trauma para todos, mas para ele foi um peso muito maior.

Posso afirmar que os bombeiros estão preparados praticamente para tudo, exceto para perder um parceiro no cumprimento do dever. Quando um bombeiro vai para uma missão, tem a responsabilidade de atender e cuidar das vítimas e de tudo que está envolvido na operação, inclusive aqueles que se dispõem a estar ao seu lado num dos momentos mais difíceis de sua vida. Um bombeiro sabe que nunca vai estar só e que irá voltar para casa e para sua família, pois ao seu lado tem alguém disposto a dedicar sua própria vida para isso.

Antes do curso iniciar dei uma missão para o tenente Firme: criar uma oração com uma mensagem que pudesse representar nossos sentimentos durante uma operação em desastres, para que tocasse no coração de cada bombeiro e, sempre que houvesse uma dificuldade, que nos desse força e lembrássemos para não desistir. Desde que foi criada, em diversos momentos de operações mais complexas eu já me peguei repetindo na minha cabeça algumas frases, pedindo que Deus possa me dar a força necessária, guiando meus olhos e minhas mãos para encontrar aquelas pessoas.

– Vamos, Xerife! Pode puxar a oração.

> DEUS,
> TU QUE CRIASTE AS ÁGUAS E OS RIOS,
> QUE FIZESTE DA TERRA O NOSSO SOLO,
> QUE DA CHUVA PROVESTE A VIDA.
> SEI QUE NAS ÁGUAS ESTARÁS COMIGO,
> E QUE POR ISSO OS RIOS NÃO ME SUBMERGIRÃO.
> SEI QUE NA TERRA ME PROTEGERÁS.
> GUIE MEUS OLHOS PARA QUE EU POSSA VER,
> GUIE MINHAS MÃOS PARA SEMPRE ENCONTRAR,
> E DAI-ME FORÇAS,
> PARA QUE MEUS BRAÇOS TRABALHEM SEM CESSAR.
> QUE EU ENCONTRE NA FÉ O MEU SUPORTE
> E NO TRABALHO A MINHA MISSÃO.
> BUSCA E SALVAMENTO!
> OPERAÇÕES EM DESASTRES!
> BRASIL!
> SALVAR!

– Muito bom, Xerife. Mas eu tô vendo que esses argentinos tão só enganando. Podem se preparar, pois a qualquer momento vou chamar os senhores para puxar a oração, em português. Entendido, hermano?

– *Sí, señor comandante!*

– Então uma ótima noite para todos os senhores, durmam gostosamente e tomem cuidado para não perderem a hora. Sonhem com o 188. Pelotão, sentido! Fora de forma. Marche!

Todos saíram correndo até suas barracas para tentar descansar, mas muitos preferiram estudar para o dia seguinte. Quando olhei para trás, o 185 estava chegando todo ensopado após seu mergulho na piscina. Conforme ele andava, o coturno transbordava água, formando pequenas poças no chão.

– Que maravilha, 185. Não vai precisar nem tomar banho antes de dormir.

— Sim, senhor 01!

— Senhor, será que eu poderia fazer mais café para a turma? Precisamos ficar a noite toda estudando para a prova.

— Em primeiro lugar, vocês não precisam ficar estudando pra prova, não. Estuda se quiser. Eu nunca perdi uma noite de sono pra ficar estudando. Em segundo lugar, vocês devem estar com a barriga cheia do café da manhã de hoje. Vocês acabaram com toda a comida.

— Mas, senhor, eu só comi um pedaço de pão de queijo...

— Mas quem escolheu isso foi o Xerife. Eu não posso ser responsável pelas escolhas ruins que ele ou que os senhores fazem. E outra, 185, já que está reclamando da comida, pode ir para a Piscina da Peppa.

— Oh 01, *pelamordedeus*. Me manda mergulhar na água quantas vezes o senhor quiser, mas não me manda pra Piscina da Peppa.

— 185, se outra barragem estourar, você acha que vai dar alguma opção pra uma vítima presa na lama, seu cara de pau? Pode ir para a Peppa!

A Piscina da Peppa foi inspirada no desenho infantil da porquinha que vive brincando na lama. Afinal, havia algumas pessoas que mesmo sem pisar ali achavam que o curso era um parque de diversões, a tal da Disney para os bombeiros. Mas só quem passava ali percebia que não era brincadeira e só quem se jogou na lama durante uma operação real teria essa certeza. Assim, cavamos um buraco no terreno natural de cerca de dois metros de profundidade, enchemos de água e terra até que se transformasse em um denso lamaçal, para tentar reproduzir cenários que encontramos em Mariana e em outras operações anteriores com rompimento de barragens.

Nessas missões, muitas vezes nós ficávamos dos pés aos ombros tomados por lama e tínhamos que fazer buscas rastejando no rejeito, tóxico ou não, sendo praticamente impossível ficar de pé. Demorávamos horas para conseguir chegar em alguns lugares para verificar se existia alguma vítima. Eu já tinha treinado a maneira de se deslocar no terreno, como uma areia movediça, mas vários bombeiros nunca haviam tido aquela experiência. Então qualquer pessoa que tentava andar e afundava se desesperava e começava a pisotear a lama, e afundava cada vez mais. Por isso, precisávamos usar esse recurso no treinamento, pois se uma tragédia acontecesse novamente os alunos teriam experimentado essa situação, mesmo sabendo há muitas outras complexidades ao enfrentar um desastre real. Além disso, essa também é uma forma de todos aprenderem que a qualquer momento o rumo de nossa vida pode nos mandar para uma Piscina da Peppa.

Durante nosso Curso de Operações em Desastres o problema não era apenas andar e rastejar na lama. O pior era ficar todo enlameado, causando desconforto e desgaste físico de se locomover com a roupa e o corpo todo sujo de barro. Além disso, a lama retira calor do corpo vinte e cinco vezes mais rápido do que o ar. Ou seja, quem ia para a Piscina da Peppa sentia muito mais frio e precisava encontrar formas de se aquecer, inclusive se unindo a outros companheiros, em mais uma demonstração da importância da equipe. Por isso, assim como quase todas as atividades do curso que parecem apenas sarcasmo ou diversão para os instrutores, havia sempre um grande aprendizado por trás e muitos alunos ainda não entendiam aquilo.

Outro exemplo. Todos os dias pela manhã os instrutores fazem inspeção de apresentação com o padrão militar. As fardas são rigorosamente conferidas, verificando se estão limpas e bem passadas, e se os coturnos estão engraxados a ponto de se tornar um espelho para que o instrutor possa ver sua silhueta no calçado. Vale lembrar que as tarefas do curso muitas vezes são realizadas na água ou na lama. A inspeção de barba é feita com algodão, passando no rosto dos alunos – não pode ficar com um fio grudado. Quem tem barba sabe que é praticamente impossível passar um algodão na cara sem que grude. E para os alunos que tem a audácia de não possuir pelos faciais, os instrutores dão um jeito, nem que seja preciso passar um pouco de cola. Sobra até para as mulheres, que logicamente não tem que fazer barba, pois o tratamento era igual para todos. Então, o aluno pode estar impecável, bem fardado, sapato engraxado, sem algodão no rosto, que o instrutor vai achar algo e mandar para aquele buraco de lama, a Piscina da Peppa.

Vários alunos resistiam ao frio, à fome, a exercícios que os levavam a exaustão, mas muitos não aceitavam o que julgavam ser uma injustiça. Era injusto ter ficado a noite toda lavando e passando sua farda, enquanto estudavam na madrugada, para simplesmente o instrutor no dia seguinte dizer:

– Sua farda não está amassada, mas o senhor está com a cara amassada. Pode ir pra Peppa.

Essa sensação de injustiça fazia com que alguns deles desistissem do curso. E, nesse caso, esse era o limite que queremos levá-los, pois a vida "lá fora" também pode ser injusta. Várias e várias vezes a gente tem consciência que está fazendo tudo certo e, de repente, acontece algo contra a vontade e contra o que você acredita que seja certo, então a vida vai te dar um banho de lama. Cabe a cada pessoa saber como vai reagir. Alguns entendem logo de cara que é "só um banho de lama" e que pode até não ser o último, preparando-se para isso de alguma forma. Esses são os indivíduos mais fortes. Não fisicamente, mas mentalmente. Já aqueles que acham um absurdo e só pensam em reclamar, tocam o sino e acreditam que assim vão alcançar a liberdade. Atenção! Aqui não estou falando sobre aceitar passivamente as injustiças. É sobre a capacidade de aceitar que quando menos se espera elas podem nos surpreender e, por isso, precisamos estar preparados para saber responder da melhor forma.

E lá foi o 185 andando vagarosamente e cabisbaixo em direção à Piscina da Peppa.

– Correndo, 185! Eu não tenho a noite toda. Quero ir pra minha cama, dormir quentinho em um colchão macio, logo após tomar um banho quente.

Em meus estudos aprendi que fazer com que os alunos imaginassem esses benefícios ou que alguém ali estivesse gozando de melhores condições, mesmo sabendo que não deveria haver esse conforto todo num alojamento de militares, acabava criando uma atmosfera de desequilíbrio em suas mentes, pois os alunos não podem ter acesso a esses recursos. Essa possibilidade de desigualdade entre os instrutores e os alunos era mais um fator de injustiça e já tivemos algumas desistências em turmas por conta disso.

Sempre que um aluno dá baixa converso com ele para entender o motivo de bater o sino. Normalmente eu procuro ajudar os desistentes, pois todos se inscrevem por um objetivo nobre e bater o sino não é algo fácil para quem não gosta de desistir. Posso afirmar que 90% das vezes a decisão não está relacionada a dificuldades com esforços físicos e atividades intensas. A culpa quase sempre está relacionada com fatores mentais. E isso é fundamental para que possam obter sucesso numa operação real. Então os bombeiros precisam estar preparados, tanto para manter seu equilíbrio numa situação de emergência, quanto para ter as melhores condições de ajudar as pessoas ali, despertando sua força interna. E normalmente a resiliência mental não é muito estimulada numa rotina comum, tranquila, confortável, sem surpresas.

Isso acaba acontecendo quando a vida lhe encaminha algumas vezes para a Piscina da Peppa.

Algumas vezes eu informo no curso que os exercícios só terminam quando dois alunos desistirem. Mas e se ninguém saísse, o que aconteceria? Ficariam fazendo tais exercícios durante trinta dias? Claro que não. No entanto, a exaustão não permite qualquer pessoa raciocinar logicamente. O sono, mesmo que seja pouco, é algo importante para deixar os alunos mentalmente capacitados a dizer para eles mesmo o que é melhor fazer. Mas alguns não conseguem fazer esse discernimento, pois o pânico de não formar faz com prefiram virar noites acordados a dormir. Sempre que participei de um curso como aluno, preferi dormir e não passar a noite toda estudando. O conteúdo é absorvido com mais qualidade no processo de aprendizagem, principalmente durante as tarefas práticas. Eu aprendi muito nas operações. Às vezes, quando ficava acordado durante a noite tentando achar uma solução com a mente cansada, a solução não vinha. Mas se era possível descansar um pouco, os passos ficavam mais claros. O preparo mental é importante até para aqueles que precisam estar fisicamente fortes.

Então, o motivo de fazermos com que os alunos se desmotivassem durante o Curso de Operações em Desastres era para justamente prepará-los para a realidade dos desastres. Durante suas carreiras e nas operações eles não teriam sempre as condições mais confortáveis, nem receberiam apenas tapinhas nas costas.

Outro exemplo simples de como podemos gerar esse estímulo: durante as corridas, nós falamos que eles iriam dar duas voltas, e ao final da segunda volta dizíamos:

– Parabéns. Vocês estão correndo muito bem. Gostamos tanto que vamos dar mais três voltas.

Muitos deles já haviam preparado a mente para dar duas voltas e quando aumentávamos o esforço físico, a mente desistia. Eu sabia que aqueles alunos tinham capacidade para dar vinte voltas, mas eles colocaram na cabeça que seriam duas. O problema deles não era físico. Precisavam fortalecer a mente.

Em outro momento de curso fizemos o seguinte.

– Xerife, vocês vão ter palestra até às 11h. Das 11h às 12h o instrutor irá passar orientações gerais e depois os senhores estarão liberados para o almoço até às 12h40.

Na cabeça deles e de qualquer pessoa normal, o almoço ocorreria às 12h. E já que os recursos para alimentação eram sempre limitados, essa era uma hora muito aguardada. Assim que o relógio marcava 11h55 os alunos pareciam um bando de gafanhotos famintos dispostos a devastar qualquer lavoura. Previamente combinado com o instrutor que estava ministrando a palestra, ele excedia o tempo de sua fala. Dez, quinze, vinte minutos depois sempre um dos gafanhotos lembrava ao instrutor que o relógio marcava 12h e que o almoço iria até às 12h40.

Pronto. O circo estava armado.

– Quer dizer que os senhores estão mais preocupados com a comida do que com as instruções e aprendizados? Então, em homenagem ao aluno faminto, podem colocar a roupa de TFM (Treinamento Físico Militar) e dar três voltas no quarteirão.

E, chegando na terceira volta, o que acontecia?

Outra dinâmica que sempre funciona é quando digo:

– Senhores, no último curso, após trinta minutos de atividade na lama, os alunos começaram a entrar em hipotermia. Foi o recorde. Esse ano vamos bater esse recorde.

Mentira. Mas assim que eu avisava aos alunos que haviam atingido os mesmos trinta minutos, eles começavam a ter espasmos de frio. Eu sabia que eles podiam aguentar mais. Agora eram eles que precisavam descobrir.

Assim, nosso Curso de Operações em Desastres passou a priorizar mentes fortes e espírito coletivo. Era preciso sentir a necessidade de se unir e ajudar uns aos outros. Por isso as atividades foram desenhadas para que na maioria das vezes os alunos não conseguissem cumpri-las sozinhos. Ou seja, eles precisavam dos outros para cumprir suas missões.

–185, vem cá para eu ver como o senhor ficou – chamei o aluno após seu mergulho na Piscina da Peppa.

– Pronto, senhor 01!

– Eita, 185! A sua mãe já falou que o senhor esqueceu de lavar atrás da orelha? Pois então 185, dessa vez o senhor esqueceu de sujar atrás da orelha. Vai ter que voltar lá.

– 01, por favor...

—Tá bom, 185. Eu vou te ajudar, para você não falar por aí que o 01 não tem um coração de vó. Escolhe uma dupla pra ir lá com você.

— Não, 01. Não precisa não.

— Precisa sim, 185. O outro aluno vai entrar junto com você pra fiscalizar se você sujou direitinho – olhei para o lado e vi o primeiro aluno. – 189, pode acompanhar o 185 porque ele não cumpriu a missão direito e agora o senhor tem que ajudá-lo.

Para esses caras, se ferrar sozinho era ruim, mas ferrar os outros era muito pior. Fazer alguém se prejudicar por sua causa é ruim demais em qualquer situação. Bom, para mim e para a maioria desses militares era.

Pouco tempo depois o 185 e o 189 voltaram enlameados. Dava para ver apenas a parte branca do olho.

— Missão cumprida, senhor!

— Parabéns para os dois. Agora, boa noite. Vou ali dormir um pouquinho.

Fui para o alojamento dos instrutores. Apesar de ser a segunda noite, emendamos o primeiro dia por conta de atividades noturnas. E assim que abri a porta um ar gelado quase paralisou meu rosto.

— O que é isso, galera? Me dá o controle desse ar-condicionado. Tá frio demais.

— Capitão, se eu fosse o senhor não mexeria nessa temperatura aí. O tenente-coronel Ângelo que colocou no mais frio – disse o cabo Denílson.

— Cara, mas tem que ficar no modo glacial? Quanto tá aí?

— Quinze graus com os dois aparelhos ligados no máximo.

— Tá louco! Então vou escolher minha cama. Já que ele quer o ar-condicionado no máximo, deixa ele dormir bem debaixo do ar gelado.

Peguei minhas coisas e coloquei na cama mais longe possível do ar-condicionado. Em seguida, deixei a mochila do tenente-coronel Ângelo próximo do aparelho para que ele escolhesse onde iria dormir.

Escolher a cama de alojamento é uma função difícil. Imagine-se em um batalhão com vinte camaradas dentro de um alojamento onde a maioria das camas é beliche. Os mais novos normalmente escolhem ir para cima, a não ser que um militar mais antigo tenha tara pela cama de cima. Outra coisa importantíssima é tentar saber quem vai dormir na cama ao lado, pois, como se pode imaginar, uma situação de extremo cansaço pode potencializar o ronco de seu vizinho.

Lembro da primeira operação que fui como oficial, em 2010. A cidade tinha sido atingida por fortes chuvas e fomos resgatar pessoas ilhadas. Trabalhamos o dia todo e por volta de 22h eu estava no Posto de Comando que havia sido improvisado em um posto de saúde.

Chegando lá o cabo Menon me informou:

— Tenente, arrumamos a cama do senhor naquela salinha ali. Já está tudo no jeito.

Eu entrei, vi duas camas e pensei: *"Nossa, que turma bacana. Já arrumaram minha cama, só eu e mais uma pessoa. Esse pessoal é bom de trabalhar."*

Preenchi os relatórios de serviço e as anotações de nossas ações de salvamento durante o dia para enviar ao comando-geral. Todos já estavam dormindo e então fui para o quarto. Quando cheguei lá entendi tanta gentileza. Eles me colocaram para dormir ao lado do sargento Freitas, que roncava muito parecido com uma motosserra. Era ensurdecedor. Fizeram de propósito, pois era minha primeira missão com eles e queriam me testar para saber o que eu iria fazer, como eu agiria com eles.

Mesmo com toda a rigidez e a disciplina no meio militar, uma tropa consegue fazer esses "testes" com oficiais que estão chegando no comando. Acho até que pode funcionar. Eu poderia ter agido ou reagido de diferentes formas, principalmente acordando todo mundo e ordenando alguém, como o próprio cabo Menon, para dormir naquela cama. Mas eu escolhi me adaptar àquela circunstância.

Até que fui acordado no dia seguinte por um militar desesperado, pois meu telefone não parava de tocar sobre a mesa e eu não ouvi porque estava usando tampões de ouvido para não ouvir a motosserra que estava ligada ao meu lado. Era um chamado para atender uma emergência numa região que estava debaixo d'água. Naquele dia tenho certeza de que todos aprenderam algumas coisas, inclusive eu, que aprendi a escolher a cama no alojamento.

Assim, coloquei minhas coisas na cama que escolhi e fui tomar banho. Quando voltei o tenente-coronel Ângelo já estava dormindo embaixo do ar-condicionado. Reparei que o maluco não tinha nem um cobertor, estando coberto apenas com uma toalha de rosto. Vi que alguém já tinha colocado algumas coisas na cama ao lado da minha.

— Espero que não seja do Ferreira — pensei, lembrando que ele era quem mais roncava ali.

Como eu ainda estava sem sono, decidi acompanhar a sequência de mergulhos na piscina e encontrei um dos instrutores, o cabo Denílson, que ainda estava acordado.

— Opa! O senhor vai infernizar a vida de aluno? Se for, não vou deixar fazer isso sozinho. Vou lá chamar o 185 pra fazer um cafezinho novo pra gente.

***

Cabo Denílson. Um pouco antes.

— Puta que pariu! Que ar frio da porra. Me dá esse controle aí! — disse o tenente-coronel Ângelo, pedindo o controle do ar assim que entrou no alojamento.

— Toma aqui, senhor comandante! E pode deixar que eu aviso o 01 que o senhor que mandou aumentar a temperatura — disse o cabo Denílson.

— Uai, porque avisar o 01? Tem algum problema aumentar um pouco?

— Comandante, o 01 sempre diz que nós temos que aprender a viver confortavelmente no desconforto. Ele preza por fazer com que nós nos adaptemos às situações extremas. O senhor sabe como ele é, né? Mas o senhor pode ficar tranquilo que eu digo que foi o senhor que mandou e ele jamais questionaria uma ordem do senhor.

— Não! De maneira nenhuma. Se essas são diretrizes do curso, vamos seguir. Onde posso dormir?

— Senhor, a cama do coordenador é aquela ali para que ninguém o incomode — respondeu rapidamente o cabo, apontando para a cama.

— Debaixo do ar-condicionado?

– Também podemos tirar o 01 da cama que ele está, aquela mais longe, pra colocarmos o senhor lá e avisamos ele quando sair do banho.

– Não! Tá doido? É a primeira vez que eu participo do curso e não vou mudar os costumes de vocês, não. Só que eu não tenho nada para me cobrir.

– Comandante, posso emprestar minha toalha pro senhor. Pelo menos quebra um pouco desse gelo – disse o cabo Menon.

– Caramba! Vou deitar logo antes que fique mais gelado e eu não consiga dormir. Me acordem por volta de 03h para eu ir lá fiscalizar os mergulhos.

– Sim, senhor.

Os cabos Menon e Denílson saíram rapidamente do alojamento.

– Denílson, você é retardado? Olha a confusão que você arrumou com o comandante e o 01. Um tá achando que é ordem do outro.

– Confusão nada. Eu e praticamente todos os instrutores temos saco de dormir e vamos dormir no friozinho. O 01 e o comandante é que gostam de seguir tudo à risca.

– Fala aí, galera! Pau tá quebrando? – subtenente Ferreira se aproximou com aquela voz estridente dele.

– Tudo bem. Fala baixo que o comandante já tá no berço e disse que não é para mexer no ar-condicionado – falou Denílson rapidamente para o Ferreira.

– Puta que pariu, que delícia! Vocês sabem que eu ronco bem num friozinho, né?

– Então pega aquela cama ali, ó – cabo Menon mostrou a cama lá no fundo. – Ela tá mais longe do comandante. Bom que o senhor não incomoda ele.

– Fechou, Menão! – o Ferreira só chamava o cabo Menon assim. – Vou deixar minhas coisas ali.

E lá foi o subtenente Ferreira colocar as coisas dele na cama ao fundo.

– Denílson, vai dar bosta isso aí...

– Vai nada, sô.

***

–185! Cadê você, 185? – Denílson começou a gritar e chamar o Aluno do Café.

O 185 surgiu de dentro da barraca dele todo enlameado, tremendo de frio.

– 185, eu e o 01 vamos ali fiscalizar o mergulho e vamos precisar de um café. Mas tem que ser um especial, 185, com os grãos que foram colhidos pelas senhoras tibetanas canhotas e nascidas no dia 29 de fevereiro.

– Sim senhor, dezenove – disse 185 se referindo ao número do instrutor Denílson.

– Tá com uma cara de sofrimento. Tá com muito frio, 185?

– Tá muito frio, senhor. Eu já não tô aguentando.

– Pois é, 185, não precisa passar por isso. Não faz sentido ficar molhado, enlameado, miserável desse jeito. Aposto que nem tá aprendendo nada. Nossa intenção real e deixar vocês na merda. Bate esse sino, acaba com isso, vai pra casa – disse o Denílson.

Esse seria o primeiro Aluno do Café a bater o sino em todas as edições do Curso de Operações em Desastres. Ele até queria, mas sabia que iria ferrar todo o pelotão se fosse embora.

– Ou então vai, some da minha frente e vai fazer logo esse café, 185.

– Sim, senhor!

Eu só observava o desempenho do Denílson, colocando pressão. Ele aprendeu direitinho. Então fomos em direção à piscina e passou por nós um dos argentinos, aparentemente seco e correndo. Estava escuro e eu não consegui identificar direito quem era.

Chegamos na piscina e vimos um instrutor, o sargento Lopes, rindo sozinho em um canto escuro no alto da piscina.

– O que aconteceu, Lopes?

– O senhor acredita que o cara saiu lá da Argentina pra tentar enganar um brasileiro? Ele chegou aqui de fininho, olhou para um lado, olhou para o outro, ficou procurando algum instrutor, mas não me viu aqui. Ele abaixou, fez que ia entrar na água, tirou o capacete, encheu de água, colocou de volta na cabeça e saiu correndo.

– Não tô acreditando nisso. Amanhã vamos botar esse camarada pra fazer a prova dentro da piscina.

– Valeu, 01! Se possível, me deixa aplicar essa prova?

— Lógico. É sua!

De longe eu via mais um aluno chegando para o mergulho. Esse não pensou duas vezes, pulou na piscina com tudo, coturno, capacete e já saiu para chamar o próximo.

— 01, o senhor não fica com dó, não? Nem um pouquinho?

— Não fico, Denílson. Eu já passei por isso. Você também. O curso é o momento que ainda dá para errar, ter medo, saber quem pode te ajudar, quem vai segurar sua corda e vai cavar com você ate desmaiar. Aqui é o momento em que podemos descobrir quem mergulha na piscina sem pensar duas vezes ou quem só vai pular se tiver alguém olhando. Operação não é a hora certa pra aprender. Existem tantas incertezas em uma operação que ao estar nela precisamos ter ao menos uma certeza. Sabe qual é?

— Que vamos voltar pra nossa casa?

— Infelizmente essa não é uma certeza, apesar de ser nossa missão.

— Então qual é a certeza?

— Que precisamos confiar em quem está ao nosso lado naquela operação.

— Mas isso é fácil pro senhor que é tenente e escolhe com quem vai trabalhar.

— Não. Eu não posso escolher. Mas sei que para alguém estar lá é porque quis estar e, para isso, se preparou. Tipo um cara desse aí ó....

Apontei para o 185 que trazia o café....

— Obrigado, 185! Agora vai acordar seu irmão e manda ele vir aqui experimentar.

— Meu irmão? O instrutor?

— Isso. O tenente Tiago não é seu irmão? Eu não vou tomar antes dele tomar. Eu não sei se você está com alguma raiva e colocou um laxante aqui dentro. Se eu for me fuder, o senhor vai primeiro fuder seu irmão.

Eu já fui aluno e sei que os instrutores sacaneavam os alunos, mas também sei que os alunos também davam um jeito de sacanear os instrutores.

— Quer que eu faça outro, senhor?

— Ahhhhhhh.... seu *mulambo*. Lógico que quero, mas antes você vai oferecer pra todos seus companheiros de turma que vierem aqui dar um mergulho.

O 185 saiu de perto foi fazer o café e eu voltei meu papo com o cabo:

— Então, Denílson, quando eu posso escolher meu time, eu não olho tanto as habilidades de um cara. Eu escolho pela confiança que tenho em cada um. Eu prefiro o companheiro que vai perceber que eu tô morrendo de sono e vai me trazer um café. Habilidade se ensina e confiança se conquista.

— Pois é, falando em escolher o time, tenente... Ouvimos por aí que no final do ano o senhor deve ser promovido a capitão. E a gente sabe que capitão não pode participar tanto do serviço operacional. Tem gente que tá até torcendo pro senhor não ser promovido, só não vou falar o nome.

— Eu também penso nisso. E espero que nossos comandantes também. Mais do que perceber onde eu gosto de estar, espero que olhem pra tudo que já fizemos juntos e o que ainda podemos fazer no batalhão. Mas essa é só a minha vontade. Viu como nem sempre dá pra escolher com quem e onde quer trabalhar?

Tchoff! Enquanto mais um aluno ia pra água, lembrei de um caso curioso.

— Lembra quando o vocês tinham um comandante de pelotão que a mulher implicava com tudo que ele fazia e que tinha que ligar pra ela a cada cinco minutos para falar o que estava fazendo e onde estava?

— Hahahahaha... lembro sim. Ela o levava no quartel para ver se tava indo mesmo pra uma missão.

— Pois é, cara. Lá em casa a Renata já está acostumada com o que eu faço e com meu jeito. Ela sabe até onde fica a mochila com as minhas coisas e o que ela tem que fazer se eu precisar sair correndo pra uma operação. Não fica perturbando durante a missão e sabe que isso é importante, até para que eu possa voltar mais rápido e vivo pra casa. Ela só me pede pra avisar se eu estou bem quando der. Em Mariana ela só foi ter notícia minha quando me viu na televisão. A nossa família acaba fazendo parte de nossas missões. Para estar aqui precisa estar disposto a abdicar da família, de festas, feriados, conforto...

— O senhor tem razão. A Lilian, minha esposa, é assim também.

— Pois, é. Então se me deixarem, eu fico com vocês na operação até virar coronel. Já aprendi muito nos Bombeiros, só não aprendi ainda a ficar atrás de uma mesa.

— Isso te faria desistir?

— Desistir de salvar vidas? Nunca.

— Mas um dia o senhor vai ter que deixar a corporação...

— Aí eu monto um time, sei lá... uma fundação que possa ajudar a salvar pessoas.

— Tá doido, tenente? Fundação? O senhor não precisa pagar boleto?

— Cara, eu não entrei no bombeiro por dinheiro. Se fosse por isso eu estaria trabalhando na clínica do meu pai, que é médico. Pra grana, a gente dá um jeito. O que não dá pra ser é infeliz.

Tchoff! Mais um aluno dava um mergulho na piscina.

Naquela noite fiquei pensando mais sobre aquilo. A minha saída daquele batalhão era algo possível de acontecer? Sim, mas eu não queria acreditar que depois de dez anos de entrega ao lado deles seriam desperdiçados, afinal, por mais que eu sempre quisesse repassar o que aprendemos e como resolvemos determinadas situações para formar mais bombeiros especializados em desastres, eu não conseguiria transmitir exatamente as sensações que vivi em cada operação, principalmente na relação com as vítimas e com as famílias desesperadas. Esse é o tipo de experiência que cada um de nós carrega e que é intransferível, mas que tem muito efeito para minimizar problemas e dores em nossas missões.

Após nenhum aluno aceitar o novo café suspeito do 185, eu o mandei tomar e chamar seu irmão mais uma vez – como não hesitou, vi que não tinha nada de errado. Só devia estar com receio de reclamarmos desse café que estava bom e mandarmos ele de qualquer jeito para a Piscina da Peppa. Então liberei o 185. E o Denílson lembrou:

— 01, já são quase três horas da manhã e o tenente-coronel Ângelo pediu pra chamá-lo.

— Beleza, você chama?

— Claro! É melhor o comandante ficar nervoso com o cabo do que com o tenente.

- Para de onda, Denílson. Você tá é querendo dormir. Vai lá que eu ainda vou ficar de olho nos alunos.

Os mergulhos continuavam e eu tinha certeza de que o 206 iria pedir baixa a qualquer momento.

Pouco depois, o tenente-coronel Ângelo subiu as escadas que davam acesso à piscina, enquanto um aluno passava ao seu lado todo molhado.

– Fala, Farah! Uai, tem até cafezinho?

– Contribuição mais que especial do 185.

– Farah, como você sabe que não tá batizado.

– Comandante, eu sou antigo nesse negócio de coordenador e especialista em café. O senhor pode ficar tranquilo que esse aqui tá especial.

Ele pegou uma caneca e se serviu.

– Agora que o senhor chegou, vou pro berço. Boa noite, comandante.

– Boa noite, Farah.

Desci as escadas da piscina e próximo ao pátio, já passava mais um aluno desesperado para se molhar. E eu pensava o quanto aquilo ainda poderia demorar.

Abri a porta do alojamento, ou melhor, daquela câmara frigorifica e ouvi um barulho ensurdecedor de ronco. O Ferreira estava na cama do meu lado. Não era possível. Eu era azarado demais. Deitei, sabendo que iria custar a dormir. O jeito era tentar tapar os ouvidos e descansar, porque aquele dia seria longo.

O CURSO QUE NÃO TERMINOU

— Bora tomar café, 01?

Acordei com o Ferreira me chamando às 4h30, já que a prova seria às 5h03.

— Puta que pariu, Ferreira! Você cortou árvore a noite toda.

— Que é isso, tenente. Eu?

— Parece que dormi do lado de uma motosserra. E ligada.

Calcei meu coturno e sai daquele lugar frio junto com o Ferreira.

Eu não tomava café quando entrei no Corpo de Bombeiros. Nada, nem uma gota, até me formar. Eu era um dos mais novos onde trabalhava e, por isso, era encarregado de fazê-lo. Lembro que o cabo Solano me escalou para a função de preparar uma garrafa de cinco litros de café para todos.

A alvorada era às 6h30, então eu tinha que acordar antes disso, por volta das 6h para iniciar o processo de preparo, afinal, eram cinco litros de água e não dá para esquentar isso com muita facilidade num fogão.

— Farah, tá maluco, cara? Vai esquentar água no fogão, não! — o cabo Solano pegou os cinco litros de água que já tinham começado a esquentar e desligou o fogão — Você tem que esquentar no ebulidor. Quem paga o gás aqui da tropa somos nós, cara.

Ele não estava errado. Lembro que em 2005 meu salário era em torno de R$ 800, um bom salário para a época. Mas eu não tinha filhos, morava com meus pais e não tinha nem uma planta de plástico para molhar. Nessa época comecei a "investir" boa parte de meus rendimentos no preparo de quase três garrafas de cinco litros de café por plantão.

Então comecei o processo de ferver e, assim que estava pronto, chamei o cabo Solano.

No rancho, o local onde eram realizadas as refeições dos militares, o cabo Solano pegou um copo de metal que tinha no rancho e que sempre acabava queimando a boca, serviu-se e, logo na primeira golada, cuspiu tudo fora.

— Que merda, Farah! Tá uma bosta. Você não provou, não?

— Eu não. Não gosto de café.

— Você nunca vai fazer alguma coisa boa se não gostar.

É uma lição simples, que eu carrego para tudo na minha vida.

— Que horas é mesmo a prova, comando? — perguntou o Ferreira, já sabendo do horário.

— Daqui a pouco.

– Mas os alunos não acordaram, senhor – disse ele com um certo tom de sarcasmo.

– Como não, Ferreira?

– Eles nem dormiram. O Lopes me disse que os alunos passaram a noite toda estudando.

– Então vão passar o dia dormindo, só que em pé.

– Eu tô pronto pra ajudar nisso, comando.

Ao chegar no refeitório a mesa dos instrutores já estava posta. Na mesa dos alunos havia um pacote de biscoito de polvilho, contados um para cada aluno. E eles estavam só aguardando a autorização para avançar.

– Hummmm... Eu adoro biscoito de polvilho – disse o Ferreira já pegando um biscoito. – O senhor não gosta não, 01?

Os alunos olharam com a expressão de ódio e pânico, pois viam que a mesa dos instrutores estava farta e tinha biscoito de polvilho também.

– Eu odeio biscoito de polvilho, mas vou comer um para provar pra você que às vezes na vida nós também devemos fazer coisas que odiamos – falei bem alto pegando um biscoito na mesa dos alunos.

O Denílson veio logo atrás e viu a cena:

– Opa! Biscoito de Polvilho! – falou já pegando mais um.

Assim que sentamos à mesa dos instrutores, olhei para o relógio e disse.

– Senhores, imprevisto. Mudança de planos. Vamos fazer a prova agora. Peguem as cadeiras na sala de aula, coloquem no pátio com distância de dois metros um do outro. À medida que cada um for terminando a prova pode tomar café da manhã. – Eu não podia esquecer do fato com um dos argentinos na madrugada – Ah... os alunos 223 e 224 não vão precisar de cadeira. Podem acompanhar o sargento Lopes, pois terão um lugar muito mais legal para fazer a prova. Prepara. Vai!

Para variar foi uma correria. Os alunos deviam estar com muita fome, mas mudar a dinâmica era a intenção do curso, pois eles precisavam aprender definitivamente que imprevistos são previsíveis.

Em pouco tempo as carteiras já estavam espalhadas pelo pátio e uma chuva leve começou a cair. Enquanto isso, aos poucos chegavam Menon, Carol, Selmo, Lázaro, Leonardo e outros instrutores.

Esse era um ritual bacana. Quando eu cheguei no batalhão eles não tomavam café da manhã juntos. Então eu determinei que todos deveriam fazer isso antes das instruções matinais.

Dividir alimento é algo que une as tribos desde os primórdios do homem. Quando o homem das cavernas saía para caçar e voltava para dividir seu alimento com seus companheiros, isso demonstrava o sentimento de partilha e liderança. União e partilha devem estar no DNA de um bombeiro, por isso eu achava importante que as refeições reunissem todos que pudessem estar lá. Especialmente para o café da manhã no quartel, eu havia estabelecido uma regra de que aquilo que um indivíduo levasse seria dividido com os demais. No começo houve alguma resistência, mas comecei levando um bolo e uma porção de pão de queijo. O sentimento de quem reparte a própria comida faz com que a pessoa que a recebe se sinta agradecida e também inspirada a repartir. É um ciclo virtuoso. No batalhão, quem pegava um pouquinho do outro, no plantão seguinte levava algo para dividir. E, claro, não sobrava nada.

Além disso, quase em toda folga após o pagamento nos reuníamos em um bar, e até quem não bebe acabava indo junto para bater um papo e sair um pouco do clima de quartel. Depois de um grande incêndio, geralmente tem pizza. Se há uma ocorrência na madrugada, mesmo sem estar com fome, vale dar uma passada na pastelaria 24 horas na volta para o quartel. Ao sair do serviço no domingo, é quase uma tradição ir até a feirinha de artesanato com o pessoal. É difícil explicar essa cultura dos Bombeiros. Só quem vive e convive em um quartel sabe como é. São pequenas coisas, mas que fortalecem nossos laços. E são esses laços que salvam vidas.

Peguei minha inseparável xícara e as provas. Os alunos foram se espalhando pelas cadeiras no pátio interno da academia e à medida que sentavam eu distribuía as provas. O tenente-coronel Ângelo chegou acompanhado do frango de borracha, já dando alguns gritos. Assim que terminei de distribuir as provas a chuva aumentou. Os alunos começaram a abrir a manta de alumínio para evitar molhar as provas.

– Quero ver na hora que sentirem frio se vai ter uma manta pra aquecer – gritou o cabo Menon, sabendo que a pior parte do curso ainda estava para acontecer.

– Senhores, vocês têm cinquenta minutos. A prova está bem fácil, mas só pra quem concluiu o doutorado em engenharia geotécnica. Prepara. Vai!

Aquela prova estava realmente difícil. Geralmente todos os alunos pegavam recuperação e alguns se desesperavam, pois haviam estudado a noite toda, não tinham pregado o olho e o sono faz o raciocínio ficar lento. A chuva ajudava a atrapalhar ainda mais a concentração dos alunos. Já havia passado quarenta minutos e nenhum aluno tinha entregado a prova. Então fui observar a situação dos argentinos.

Quando cheguei na piscina vi o 223 fazendo apneia e o 224 respondendo às questões da prova.

– Que é isso, Lopes?

– Perguntei se eles queriam fazer prova em dupla e eles disseram que sim. Então, um abaixa e faz apneia enquanto o outro responde. Só pode responder enquanto a dupla estiver debaixo da água. Só mantém os braços pra fora para não molhar a prova.

– Hahahahaha. Gostei.

Mais uma boa ideia que poderia criar dificuldades no curso, mas também um bom exemplo de trabalho em equipe.

Então voltei para o pátio, pois faltavam cinco minutos para o final da prova. Quando cheguei alguns alunos já haviam finalizado a prova e correram para tomar café da manhã. Faltavam uns dois ou três alunos para entregar.

– Quem é esse aí na frente que não sai da primeira folha? – perguntou o cabo Denílson.

Era o 184.

– Denílson, não vou te falar o número, mas lá na sua outra vida esse cara é o subcomandante do seu batalhão.

Eu vi a tensão nos olhos do 184. Ele já estava desgastado, não tinha dormido e ainda tinha sido provocado. Mas o Denílson emendou:

– Me deixa viver esse momento. Aqui eu sou instrutor e se ele ficar com raiva ainda tomo o café dele.

Sem dúvida o Denílson estava vivendo aquela vida de instrutor como se fosse a última.

Aproveitei para ver como estava o andamento da refeição e aconteceu o que eu imaginava. Os primeiros a terminar a prova haviam comido quase tudo e não pensaram nos outros. Alguns já começavam a discutir, enquanto outros tentavam dividir os biscoitos de polvilho que restavam.

— Quem mandou demorar para fazer a prova? Eu tava com fome e comi — disse um deles.

— Para de pensar só em você, cara. Tem que dividir tudo aqui. Tem aluno que já não está aguentando ficar em pé — respondeu outro.

— Problema é dele. Não aguenta, bate o sino.

São esses pequenos detalhes que eu gosto de acompanhar para conhecer as pessoas, sejam alunos num curso ou pessoa de qualquer "patente". Bajular o chefe é mais fácil. A forma de tratar um garçom, um faxineiro ou um subordinado diz muito sobre essa pessoa. Para mim importa pouco saber quem tira a maior nota na prova ou quantas flexões faz numa atividade do curso. Eu quero descobrir qual o bombeiro que olha para o coletivo, que se preocupa com os outros.

Não passar nas provas ou não conseguir completar os exercícios são desculpas fáceis. Para a grande maioria dos homens e mulheres que se dispõem a salvar vidas e entram nesse curso para despertar e aprimorar seus superpoderes, errar de propósito ou não completar os exercícios de uma prova para ser eliminado é mais fácil que bater um sino.

Bater o sino é assumir que desistiu de algo. É uma maneira de dizer que a fome, o frio, o sono ou a sede foram maiores que sua missão. Imagine o sentimento de frustração que esse militar ou qualquer pessoa terá que carregar para sempre ao completar provas complexas e exaustivas, mas não atingir a formação por causa de um biscoito. E, mesmo sendo pouco, muitas vezes será necessário dividir um biscoito ou um cantil de água com quem não tem. Essa é uma situação comum nas grandes ocorrências que enfrentamos, principalmente aquelas que tem hora pra começar, mas não tem hora pra acabar.

Para alguns alunos, ter instrutores gritando na sua cabeça é algo insuportável, mas eu já ouvi muitos berros e xingamentos de pessoas que fomos salvar, indignados por não termos chegado mais rápido ou até perguntando o motivo de nós deixamos o desastre acontecer.

É por isso que cada um que aceita uma missão precisa conhecer o seu limite. E no Curso de Operações em Desastres nós procuramos exercitar essas sensações extremas entre a razão e a emoção, pois a realidade será bem mais dura que o treinamento. Essa é a verdadeira beleza do curso e eles precisam descobrir isso sozinhos, na prática. A dor é uma oportunidade para a compreensão e o trauma coletivo proporciona a união. É isso que transforma um grupo de indivíduos diferentes em um só corpo, o Corpo de Bombeiros.

Mas também há dores que não conseguimos reproduzir em treinamento. Lembro de uma vez que cai em um incêndio e rompi todos os ligamentos do meu joelho.

Durante a operação em um incêndio em ferro-velho, com pouquíssima iluminação, eu caí de cerca de três metros de altura e meu joelho saiu completamente do lugar. A dor foi absurda. Coloquei o joelho de volta no lugar, mas quando meus companheiros foram me ajudar, eles me sentaram e o joelho saiu de novo do local. Ali eu tinha percebido que era grave. Eu já havia sofrido outros dois acidentes em serviço e isso não era nada bom.

— Tenente, dá pra se acostumar com isso? — perguntou o aspirante Josué, meio assustado, vendo já em seu período de avaliação um acidente com um companheiro de equipe.

— Com qual parte?

— A parte que você se machuca em uma operação. Não é a primeira vez, né?

— Machucar em uma operação é ruim, mas voltar para a base sem cumprir a missão é pior. Pode voltar pra operação que eu tô bem, cara. Vai lá e cumpre essa missão e eu vou ficar bem.

É verdade. Eu já tinha fracassado em uma missão e isso não era possível reproduzir com exatidão no treinamento. O mais próximo que conseguimos são exercícios simulados que geram frustração, por exemplo, ao fazer um bombeiro não localizar uma vítima que deveria encontrar. Mesmo assim, por mais frustrante que isso possa ser, ainda é bem distante desse sentimento em uma situação real. Só que na operação não tem sino. Eu não me dou o direito de desistir de uma operação. Se eu desisto, se eu "toco o sino" em uma operação eu estou fazendo uma família desistir de seu sonho e acabo com sua esperança. Essa dor eu não quero sentir.

Durante o curso, o aluno 213, soldado Lima, caiu durante uma tarefa.

— 01, acho que quebrei a mão.

— Eita, 213. Estragou muito o chão?

— Não, senhor.

— Me deixa ver. Pelo visto quebrou mesmo. Vou chamar o sargento Leonardo. Ele é "quase médico" e vai falar exatamente qual osso quebrou.

Leonardo era um cara incrível, que conheci quando eu era soldado e ele dava aulas de primeiros socorros para civis no batalhão.

— Léo, você tem que ser bombeiro cara, você leva muito jeito no atendimento pré-hospitalar.

— É porque eu sou fisioterapeuta e já gosto da área, mas não quero ser bombeiro, não.

Mesmo assim, quando abriu o edital para soldado, liguei para o Leonardo e convidei ele pra ir lá no quartel tomar um café comigo. Ele foi, conversamos e mostrei nosso espaço, então eu sugeri que fizesse a prova. Ele fez e passou. Logo depois eu perdi o contato com ele, pois eu havia passado no Curso de Formação de Oficiais (CFO). Até que um dia, eu já era tenente e fui comandar o posto avançado do centro de Belo Horizonte. Lá eu vi o Leonardo com a farda de bombeiro.

— Soldado Leonardo! Que honra.

— Pois é, tenente. Seus incentivos deram certo.

— Que coisa boa, cara. Você vai gostar.

Tempos depois o Leonardo fez o curso para sargento e foi trabalhar comigo. Era um excelente militar, exemplar, um cara que eu admirava demais, muito dedicado e carismático.

Um dia fomos juntos em uma ocorrência de tentativa de autoextermínio. Uma pessoa ameaçava se atirar de cima do viaduto Santa Tereza, onde passava uma linha de trem. Chegando no local o tentante, como chamamos a pessoa que está querendo cometer suicídio, estava no alto do arco do viaduto. Eu coloquei os equipamentos de segurança e subi para conversar com ele, na tentativa de fazê-lo desistir. Foram algumas horas de negociação debaixo de um sol bem forte. Eu comecei a perceber que ele estava decidido e começava a perder força, creio que pelo cansaço. Nesse momento o trem passou e ele decidiu pular. Ao perceber o movimento, fiz a abordagem tática e me atirei para tentar segurá-lo. Mas o militar que estava segurando a minha corda possivelmente se distraiu com a passagem do trem. E assim que eu agarrei o tentante, acabamos caindo juntos. O Leonardo estava lá, de olho nos meus movimentos e mais do que depressa segurou a corda, salvando a vida do tentante e a minha.

Eu costumo dizer que naquele dia a minha vida custou um café, pois se o Leonardo não tivesse aceitado meu convite, ido até o quartel e aceitado fazer a prova para ingressar no Bombeiro, provavelmente eu não estaria mais aqui. Talvez seja mais um bom motivo para eu gostar tanto de café.

O sargento Leonardo fez uma rápida avaliação na mão do aluno 213.

– Você quebrou o metacarpo do dedinho. Tem que ir ao hospital para tirar raio-x e confirmar.

– E agora, 01? – perguntou o 213.

– E agora? É simples. Se o médico te colocar de licença, não vai poder continuar no curso.

– O dedinho nem faz parte da mão, não é 01?

– Eu acho que o senhor deveria ir ao hospital pra depois não ficar mal curado pra sempre. – eu intensifiquei o tamanho daquele problema com um tom de ironia - Depois vai ficar falando que o 01 não tem coração. Só te adianto que durante um curso eu estava com o pé operado e um pino lá dentro, mas acabei quebrando o parafuso dentro do pé em uma das atividades. A ferida não fechava.

– Lembro disso. Eles iam cancelar o curso porque o senhor estava com aquela pereba aberta e o senhor falou que não ia desistir. Se não fosse uma gosma de barbatimão que o raizeiro do sargento Gil fez, o senhor estaria com o pé aberto até hoje.

– Precisa não, comando. Nem tá doendo mais – disse o 213, já decidido a continuar no curso.

Já no terceiro dia de curso...

– Senhores, não se esqueçam que os mergulhos continuam até o final do curso ou até o 206 bater o sino – eu dizia para aumentar a pressão no 206.

As aulas continuaram e a cabo Carolina me chamou no canto com aquele jeito dela de pouquíssimas palavras e que nunca ria.

A Carol é um exemplo de alguém que não completou o curso, mas eu confiava para estar no meu lado. Ela foi eliminada no Curso de Salvamento em Altura por um erro que não foi dela, mas que acarretou o desligamento de todo o grupo no último dia de curso. Mesmo assim eu a coloquei do meu lado em todas as operações de salvamento em altura, porque eu confio nela e sei que é tecnicamente capaz. Por isso eu digo que ter um curso, um certificado de conclusão não deve ser uma garantia para uma vaga em qualquer time.

– O 206 não vai desistir – a Carol me disse com toda sua certeza.

– Tá doida, Carol? Ele está ferrando o grupo todo. Os caras não conseguem ficar seco por conta dele.

– Negativo. Olha aqui.

A Carol pegou o celular dela e abriu um vídeo que tinha sido enviado pela esposa do 206.

Naquele ano queríamos preparar algo especial para os alunos, que poderia dar mais força para alguns e para outros seria fator decisivo para bater o sino. Então entramos em contato com os familiares deles e pedimos para que mandassem vídeos dizendo como aqueles pais, maridos, esposas, filhas eram importantes e faziam falta em casa. Afinal, isso também acontece em uma operação real. Na operação em Mariana as ligações da minha esposa me dando apoio eram fundamentais para manter o foco, mas as ligações dos meus filhos dizendo que estavam com saudades eram muito pesadas.

A esposa do 206 estava grávida. No vídeo que ela enviou dizia para ele manter a força e cumprir a promessa dele de se formar no curso, pois havia prometido isso pra ela e para o filho que estava prestes a nascer.

Aquilo mexeu comigo e me fez mudar minha visão sobre ele. Alguns jamais sairiam de casa estando prestes da chegada do primeiro filho, sabendo que não iríamos liberá-lo para acompanhar o nascimento – eram as regras do jogo, afinal.

– Obrigado, Carol. Ele é maluco de ter vindo aqui.

– Maluco igual ao senhor – ela devolveu com a cara sempre séria, mas me fazendo sorrir.

– Bom, vamos ver se o 206 vai aguentar ou se o filho dele vai nascer antes.

– Eu aposto que ele não bate o sino – disse a cabo Carolina.

– Mas eu posso dar uma forcinha – falei rindo.

– Quero ver o senhor dar essa pressão no 184.

A Carol falava pouco, mas sabia ser precisa e até mesmo sarcástica. Era duro ter que pisar em ovos daquele jeito com o subcomandante de nosso batalhão, mas eu não queria que qualquer ação daquele curso pudesse se transformar num motivo para me colocar atrás de uma mesa. De qualquer forma, o curso só funcionaria se todos ali tivessem exatamente as mesmas condições, seguissem as mesmas regras e cumprissem a mesma missão.

Sempre que havia uma prova complexa para fazer nós gostávamos de colocar a cabo Carolina para demonstrar aos alunos. Não era pelo fato de ser uma mulher. Era simplesmente por ela ser incrível, dedicada, focada, rápida, precisa e até melhor do que muitos instrutores, além de não se incomodar com nada.

Naquele ano estávamos recebendo três militares femininas entre os alunos. E diferente de outros cursos que colocam condições específicas para mulheres e homens, ali não havia diferenciação. Todos têm as mesmas condições e são tratados da mesma forma. Ou como gostava de dizer o sargento Gil:

–Todos vocês são tratados iguais, independente de sexo e cor! Todos serão maltratados.

Vale lembrar que quando estamos cobertos lama, não há mesmo qualquer diferença.

Por mais difícil que fossem as provas para todos, não conseguimos reproduzir todas as pressões das operações reais. Assim, um dos poucos fatores que temos como inserir e que faz o coração acelerar, o suor escorrer e aumentar a confusão é o tempo.

Lembro de um comandante, coronel Willian, dizendo que era preferível enfrentar o tempo de que os gritos de desespero na rua. Enquanto eu era aluno dele no Curso de Salvamento em Altura, achava absurdo o tempo que ele passava para fazer as provas, mas essa era a regra e cabia a mim cumprir.

No Curso de Operações em Desastres aplicamos a seguinte prova: os alunos devem medir vinte centímetros em uma peça de madeira, marcar, cravar um prego naquele ponto, serrar a madeira e retirar esse prego. Pode parecer tranquilo, mas o tempo é de um minuto. Isso torna a prova extremamente tensa, pois é eliminatória.

Para demonstrar essa prova para os alunos, eu e a Carol realizamos a tarefa e, como sempre, ela fez em um tempo menor que o meu.

Então começamos a prova, do último número para o primeiro. E o primeiro aluno não conseguiu cumprir, já sendo escalado para a prova de recuperação. Praticamente metade dos alunos havia feito em mais de sessenta segundos, inclusive as três alunas. Duas saíram revoltadas, xingando e uma até chorou, já imaginando que não iria conseguir se formar. Mas logo entenderam que nada adiantava, a não ser treinar.

Foi exatamente o que aconteceu e as três superaram suas incertezas e só assim conseguiram seguir em frente.

Os dias foram passando em nosso curso e a primeira semana, que era extremamente técnica e com muitas aulas teóricas, já estava chegando ao fim.

Além do 188, que ficou pra trás logo no segundo dia do curso, mais quatro alunos foram eliminados em provas ou desistiram por não conseguirem suportar o frio, a fome, o sono ou a pressão psicológica dos instrutores. Agora restavam quarenta.

Os alunos que "sobreviveram" já se mostravam extremamente desgastados e em poucos dias começaríamos a parte prática de soterramento – eles ficariam exaustos e enlameados 24 horas por dia. Acredite, isso é horrível, pois a lama entra pelos cantos da farda e em contato com o corpo ela provoca assaduras. Eu prefiro mil vezes ficar molhado que coberto de lama. Então...

– Senhores, bom dia. Informo que a temporada de banhos acabou. Os coordenadores haviam combinado que, caso os senhores suportassem uma semana, pararíamos com os mergulhos. Entendido?

– Sim, senhor! – responderam em coro.

A felicidade na cara deles era nítida, principalmente do 206. Mas eles ainda não sabiam que sentiriam falta dos mergulhos depois de ficar com a lama grudada no corpo.

As práticas de soterramento, assim como as missões na lama, são terríveis. Todas as atividades são baseadas em ocorrências que já havíamos atendido ou de casos famosos ao redor do mundo. Por isso, não é exagero fazer os alunos ficarem soterrados, pois eles precisavam entender as dificuldades e os sentimentos das equipes de resgate, e também das vítimas. É muito difícil tentar explicar o que sente uma vítima numa situação dessa. Então eles precisavam sentir.

E foi assim que fizemos o sino tocar mais duas vezes. Nessa etapa aplicamos uma das provas que eu considero uma das mais difíceis.

Uma das características dessa tarefa é limitar um dos sentidos dos alunos – a visão – a fim de fazê-los imergir ainda mais na sensação de um lugar onde gostaríamos de levá-los. Aliás, em outras provas também inseríamos essa dificuldade, por exemplo, amarrando as mãos de dois militares para que executassem tarefas até mesmo mais simples, como serrar ou cavar. Isso nos ajuda a demonstrar a necessidade de agir com recursos limitados, mas também a importância de um trabalho em equipe, como um só Corpo.

Naquela noite, depois de uma rotina exaustiva, os alunos foram chamados para uma prova. Todos eram vendados. Em fila deveriam caminhar até a Piscina da Peppa e entrar um a um, fazendo a travessia no meio da lama, sem enxergar nada. Ao chegar do outro lado completamente enlameado e com muito frio – lembre-se que a lama tira o calor do corpo vinte e cinco vezes mais rápido – eles deveriam aguardar o grupo todo terminar e, para isso, deveriam descobrir que ao literalmente se unirem, poderiam se aquecer. E quando o último fazia a travessia, entregávamos para cada um deles um balde de plástico e os direcionávamos para uma vala em que mal cabiam e deveriam se espremer. Apertados e agachados na vala, os instrutores jogavam pás de terra sobre suas cabeças e ainda ligavam motosserras para fazer barulho. Sim, parece cruel. E era justamente isso que os instrutores gritavam para que soubessem um pouco do que sente uma vítima de soterramento. Por fim, avisamos que aquela prova só terminaria após três alunos desistirem. Após resistirem muito, nessa noite tivemos duas desistências e decidimos encerrar a prova.

Era muito duro. Ficamos com 37 alunos, pois mais um bateu o sino na segunda semana. Segundo ele, a culpa foi do frio.

A parte seguinte do curso era sobre enchentes e inundações.

Os alunos estavam muito fracos e, por isso, não conseguiam nadar com facilidade contra a correnteza. Era preciso ter muita técnica para enfrentar a natureza e não ser eliminado nessas provas.

Fazíamos o curso sempre no final do ano, pois uma das premissas é ter bastante chuva, que aumenta o volume do rio e faz com que as práticas na correnteza fiquem mais difíceis. Mas isso também era um fator para ficarmos atentos, pois não temos como controlar a força e a velocidade da natureza. Por amenizar isso e evitar problemas, nessas atividades eu e mais alguns instrutores fazíamos a prova antes dos alunos. Nunca mandamos os alunos realizarem uma atividade que os próprios instrutores não conseguissem fazer.

Nessa etapa também há provas fora da água que são extremamente difíceis para alguns alunos, como a prova do saco de arremesso.

Penduramos uma boia circular, dessas que vemos em navios, em uma trave de campo de futebol, deixando o aluno a doze metros de distância, precisando acertar o saco de arremesso dentro da boia. Cada um tinha apenas três chances. Se não acertar uma vez, está eliminado.

Esse é um exemplo de uma prova que, além de precisão, a força física pode fazer a diferença, já que precisam arremessar longe um saco pesado. E isso poderia ser visto como uma desvantagem para as militares femininas. E nessa prova aconteceu algo tenso com uma das alunas.

A aluna 208, soldado Emília, errou sua primeira tentativa. Jogou a corda no chão e saiu revoltada. Ela nunca tinha acertado um arremesso, nem nos treinamentos. Fez a travessia e todas as outras atividades melhor que muitos homens, mas aquela prova ela não tinha acertado nenhuma vez.

Dávamos a oportunidade para os alunos decidirem se gostariam de realizar as três tentativas seguidas ou se preferiam esperar outras pessoas arremessarem para tentar de novo. Ela decidiu tentar e errou feio. Realmente ela estava revoltada com aquilo e preferiu esperar os demais arremessarem.

Eu observava de longe, pois minha presença poderia deixar os alunos mais tensos. Nesse intervalo, ela veio em minha direção. Dava para perceber a raiva em seus olhos.

– Isso é injusto! Eu passei em todas as provas, até na travessia. Não é justo ser eliminada por isso.

Permaneci do jeito que eu estava, anotando na minha prancheta o resultado dos alunos.

Ela continuou, dessa vez quase gritando.

– 01, não é possível que o senhor vai fazer isso. A boia poderia estar mais próxima para as mulheres.

Eu parei o que estava fazendo e olhei pra ela.

– Deixa te falar uma coisa, 208 – fiz questão de enfatizar o número. – A vida é injusta. E se você for chorar toda vez que a vida for injusta com você, a única coisa que vai fazer na vida é ficar chorando. Já pensou se aquela boia for uma vítima sendo arrastada pelo rio? Quantas chances você vai ter para acertar?

– Uma.

– Então, engole o choro, levanta a cabeça, vai lá fazer sua prova!

– Sim, senhor.

– E digo mais. Tem muita gente dizendo que você vai ser eliminada. Cabe somente a você responder isso.

Muitas vezes é até bom que alguém duvide de nossa capacidade. Dessa forma, buscamos algo a mais para dedicar foco e cumprir a missão. Não podemos esquecer que trata mais de nós mesmos e não de esperar que o outro tenha a obrigação ou o bom senso de facilitar as coisas, nem mesmo torcer pelo nosso sucesso. Temos que fazer por nós, mesmo que isso ajude a "calar" quem rema contra.

A trajetória dela até ali tinha sido ótima. Foi bem nas provas, práticas e teóricas. O que eu fiz foi dar uma força, mesmo vendo os dois primeiros arremessos ruins e acreditando que ela infelizmente não conseguiria se reinventar no último.

Ela saiu calada e foi em direção ao local da prova. Mesmo de longe dava para ver que estava engolindo a raiva. Peguei a planilha, só esperando o arremesso dela para colocar um "X". Pegou o saco de arremesso e se concentrou no alvo. Começou a balançar os braços e, então, fez o arremesso. Ouvi gritos de todos. Eles pulavam de alegria, enquanto a boia balançava na trave. Olhei para a prancheta e marquei "OK".

O curso estava chegando à reta final. Começamos com 45 e apenas oito alunos haviam desistido ou foram eliminados. Digo apenas pois nos cursos anteriores esse número sempre foi bem mais alto. Entre os alunos que seguiam estava o 206, até que...

Faltavam três dias para o fim do curso e estávamos em Itutinga, interior de Minas Gerais, para um treinamento. O tenente-coronel Ângelo se aproximou de mim e disse que o 206 informou a ele que seu filho estava para nascer. Faltavam poucos dias para o final do curso e ele estava bem próximo daquilo que almejava, tendo enfrentado e superado muita pressão até ali.

Eu sou pai. Tenho dois filhos que são a minha vida. Tive a possibilidade e a sorte de acompanhar o nascimento de ambos. Eu e minha esposa sabemos que nessa profissão que escolhi nem tudo pode ser tão previsto ou planejado. Se eu precisasse sair para atender uma ocorrência, perderia um momento que nunca mais iria voltar a acontecer em minha vida. Sei que para muitas pessoas é algo impensável, mas o que sempre imaginei é que se um dia meu filho se envolvesse em um acidente, eu gostaria de ter a certeza de que profissionais mais capacitados e dedicados estariam lá para ajudá-lo. Quando me perguntam por que me tornei bombeiro e se não tenho medos de tantos riscos, a resposta que mais gosto de dar é: alguém tem que fazer esse trabalho. Por isso, sou instrutor de um curso que tem a responsabilidade de oferecer bombeiros mais preparados para enfrentar grandes dificuldades, inclusive não estar presente no dia do nascimento de seu filho.

— Não, comando. O regulamento deixa claro que se ele se ausentar, está eliminado — respondi apenas dentro de minha função de coordenador.

Mas havia uma chance.

— 206, fiquei sabendo que o senhor vai ser papai. Parabéns! Se quiser acompanhar o parto, pode bater o sino e voltar para Belo Horizonte. Mas corre porque é longe.

— Sim, senhor. Eu achava que seria depois do final do curso, mas não deu pra esperar — ele respondeu cabisbaixo, dividido, sem saber ainda o que fazer. Então me perguntou: — O senhor pode ao menos dizer quando será nossa próxima prova?

Eu entendi imediatamente o que ele pretendia.

— Daqui a 18 horas.

— Eu posso ir e retornar antes da prova, senhor?

O regulamento permitia e, assim que eu disse sim, o 206 saiu em disparada. O tenente-coronel Ângelo e o sargento Ferreira prepararam a viatura e eles partiram para Belo Horizonte.

O relógio passava e o grupo participava de outras tarefas da rotina. Pouco antes do tempo se esgotar, a viatura retornou. O sorriso no rosto do 206 era indescritível e aquilo trouxe ainda mais ânimo para todos ali.

Na reta final do curso daquele ano, também concedemos a possibilidade de outro aluno se ausentar, contra a minha vontade, pois o regulamento não permite, mas era uma questão médica e envolvia o aluno 184, o subcomandante. Como todos viviam encharcados e estavam exaustos na última semana, o 184 começou apresentar alguns sinais de desconforto no corpo, febre e dificuldade para respirar. Então, o tenente-coronel Ângelo permitiu que ele fosse levado ao hospital para se medicar, descansar e retornar a curso para realizar o restante das provas.

Eu sempre era o coordenador mais duro, independentemente de patente, sexo ou qualquer outra diferença do "mundo lá fora". Nunca torci de verdade por uma eliminação. A cada batida de sino, por mais que fosse comemorada pelos instrutores na frente dos alunos para estimular neles justamente o sentimento contrário de não desistir, por dentro nós sabíamos que era mais um homem ou uma mulher que se esforçou muito para chegar até ali. Certamente era alguém que por alguma razão escolheu como profissão o dever de colocar sua vida em risco para salvar outras pessoas. Isso é digno de meu respeito.

Entre os 37 alunos que chegaram até ali, 22 já estavam aprovados. Mas quinze alunos dependiam da última prova de recuperação, uma travessia no rio. Quem não terminasse ou desistisse, estaria definitivamente eliminado na última prova.

Naquela altura do curso, todos estavam magros e extremamente cansados, mas era cumprir a missão ou bater o sino. Confesso que fico triste de ter que desligar alguém na reta final, mas são as regras que todos conhecem, inclusive aqueles que ficam pelo caminho justamente por não ter cumprido alguma delas.

Então os alunos em recuperação se dirigiram em silêncio em direção ao rio. Um deles era o 205, cabo Batista, um cara fenomenal, que já trabalhava conosco no BEMAD e que realmente daria a vida dele por qualquer um do nosso batalhão.

O Batista tinha uma dificuldade: natação. E para chegar até a etapa final do curso ele já tinha passado por três travessias, nadando mais de cinco quilômetros em cada. Mas naquele último dia a correnteza estava especialmente cruel e não adiantava só nadar bem. Era preciso saber a hora certa de nadar bem.

— Fala, 205! Vai arrebentar na recuperação?

— 01, o senhor sabe que eu não vou conseguir. Na verdade, o senhor sabe que muitos aqui não vão conseguir.

Eu realmente sabia. Além do 205, ali também estava o 190, sargento Faria, que foi meu instrutor do Curso de Salvamento em Altura e já integrava o BEMAD. O Faria tem um índice baixíssimo de gordura no corpo e a água estava muito fria, o que já tinha sido uma dificuldade enorme para ele superar em outros momentos, inclusive de sofrer hipotermia. Fiquei com um aperto no peito, não apenas pelos dois, mas por todos que estavam lá. Mas eu tinha que cumprir as regras.

As regras podem até não parecer ser justas, mas ao aceitá-las devem ser cumpridas. Esse é um princípio militar e algo que deve ser estendido para outras áreas ou para a vida.

Eu, por exemplo, nunca concordei com a altura mínima de 1,60 metros para entrar na corporação. Várias vezes precisei de militares pequenos em operações, inclusive uma vez já tivemos que ir à casa de um bombeiro de folga, pois ele era o mais magro e o menor para entrar num buraco estreito e tirar um trabalhador que estava soterrado.

Os alunos que não estavam de recuperação e haviam passado no curso não eram necessariamente "os melhores", mas tinham cumprido as regras e todas as provas, então receberiam o certificado. Os aprovados eram realmente bons, pois o nosso curso exige muito, mas para um bom grupo de operações especiais só isso não basta. É preciso gostar de estar ao lado daquelas pessoas e de fazer parte daquele time. Imagina ter que conviver em um ambiente de muitas emoções, imprevistos, frustrações e até ter que dividir comida com quem você não se dá muito bem ou, pior, em quem você não confia. A nossa vida pode depender dessa pessoa numa operação.

Por essa razão, durante o curso, observávamos muito algumas características, como arrogância, soberba, ego elevado e falta de empatia. Isso me fazia ter a certeza de quem eu não queria ao meu lado numa operação. É normal que num grupo nem todos te agradem e que você não agrade a todos. Eu sei que não sou alguém que agrada a todos, mas tenho certeza de que dou o máximo de mim para a minha tropa.

Chegamos no local da última prova de recuperação e desembarcamos do ônibus. Além de preparar os melhores profissionais, eu já não conseguia esconder a minha torcida pelos amigos. Pedi aos instrutores que descessem até o rio para fazer a segurança dos alunos e pouco tempo depois ouvi um grito do cabo Menon.

– 01, por que a gente não manda os alunos pra uma piscina infantil?

– O que foi Menon?

– Dá pra atravessar isso aqui a pé. Por acaso o senhor mandou fechar as compotas da represa?

O rio onde fazíamos as instruções era logo abaixo de uma usina hidroelétrica, que nos garantia uma segurança a mais, pois caso houvesse algum acidente ou emergência poderíamos solicitar uma intervenção no nível da água de acordo com a abertura das compotas.

Depois que o cabo Menon falou aquilo, desci até o local da instrução e me surpreendi. A correnteza que geralmente fazíamos instrução era nível 4, numa classificação em que o nível máximo é 5, sendo que o nível 6 é classificado como não navegável. Quando cheguei no local me deparei com um cenário tranquilo, devendo estar em nível 2 ou 3.

– E aí, 01? Vamos fazer desse jeito mesmo?

– Lembra o que aconteceu no último dia de prova no curso de vocês?

– Eu lembro demais – falou o cabo Menon. – Além da correnteza nível 5, estava chovendo e o senhor foi atacado por um monte de marimbondo. Estávamos torcendo pra cancelar a instrução e mesmo assim fizemos a prova.

– Então, não vamos mudar as regras do jogo.

– O senhor está igual a uma mãe, hein 01? – emendou o cabo Denílson.

Era impressionante como a correnteza estava fraca. Eu poderia acreditar que um aluno tinha subornado alguém da hidroelétrica, mas sei que isso jamais aconteceria. Era praticamente um milagre.

Assim começamos a prova e depois de muitas braçadas e cansaço, os quinze militares completaram a travessia.

Todos estavam extremamente alegres dentro, menos o cabo Batista. Ele estava mais isolado e cabisbaixo. Eu não entendi aquilo, pois ele havia terminado a prova que tanto temia e finalmente havia alcançado sua qualificação para ser um membro do grupo de operações de desastres.

Quando retornamos ao acampamento, os alunos que já haviam passado e estavam organizando seu material receberam a notícia que todos haviam completado a prova de recuperação. Foi um novo momento de alegria e todos se abraçaram. O curso havia fortalecido ainda mais o espírito de união entre eles, algo que seria fundamental quando fossem para seus batalhões e nas próximas missões. Vi, então, uma conversa que parecia discussão entre o 205, o cabo Batista, e o 184, o subcomandante. Eu me aproximei e perguntei:

– O que está acontecendo?

– Farah, espera aí que tô resolvendo com o Batista.

– Farah, 184? Enquanto não entregarmos os certificados os senhores ainda estão em curso, ok?

– Eu vou bater o sino, 01 – interferiu Batista.

– Não vai bater o sino porra nenhuma. Você passou na prova – disse o 184.

– 184, pode ir arrumar suas coisas. Isso é comigo agora.

Ele saiu de perto, certamente com uma cara de quem não gostou muito.

– O que foi, 205?

– 01, eu passei nessa prova hoje, mas não passaria em condições normais. Eu sei que não sou tão bom e não mereço o mesmo brevê que os senhores.

– Você tem certeza disso?

– 01, eu não tô desistindo. Eu vou bater o sino só pelo fato de "eu" achar que não mereço. O dia que eu me sentir realmente preparado, faço esse curso de novo, se o senhor permitir.

– Entendi, Batista. Essa tem que ser mesmo uma decisão sua, de mais ninguém. Eu só quero te falar uma coisa. Depois de tudo que superou nesse curso você tem ainda mais o meu respeito e minha admiração. O que você pretende fazer agora exige muita coragem. Tenho certeza de que alguns aqui estavam preocupados apenas em passar e ainda não tem certeza das responsabilidades que são capazes de assumir. O que você está prestes a fazer é algo que poucos fariam. Só um bombeiro de verdade faz isso.

– Vou poder continuar trabalhando com o senhor?

– Jamais eu tiraria um bombeiro de verdade do meu lado. Confio minha vida a você.

Batista me deu um abraço e foi caminhando até o sino. Alguns alunos observavam de longe ainda sem entender o que estava para acontecer.

Ele bateu o sino três vezes.

O choro tomou conta de muitos alunos. Alguns me viram como um vilão frio e insensível por permitir que aquilo acontecesse. Mas só eu e o Batista sabíamos o que o som daquele sino significava para ele e para a corporação que ele representa.

Apesar de tantas pressões, exigências e dificuldades, naquele dia 13 de dezembro de 2018 curiosamente o curso terminava com uma taxa de eliminação e desistência bem abaixo das turmas anteriores. Dos 45 alunos que se inscreveram, 36 se formaram em uma cerimônia muito emocionante para todos os alunos, seus familiares e instrutores. Isso pode ter acontecido pela garra e qualidade desses homens e mulheres ou pela presença de um tenente-coronel, o comandante do batalhão, como coordenador, e do subcomandante entre os alunos. Mas o motivo também pode ter sido algo inexplicável e bem maior que ainda estaria por vir e que precisaria contar com bombeiros muito fortes, física e mentalmente.

Entre os alunos que se formaram estavam o subcomandante, o Aluno do Café, os dois argentinos, as três militares femininas, o sargento Faria e o 206, o mais novo papai do batalhão.

DESISTIR NÃO É OPÇÃO

Após nove anos como tenente, finalmente sairia uma promoção. No dia 4 de outubro de 2004 iniciei como soldado. Agora eu me tornava um capitão.

A hierarquia é um dos pilares das instituições militares. Para quem não está tão familiarizado com todas as patentes dos Bombeiros, inicia-se como soldado, passando em seguida a cabo, terceiro-sargento, segundo-sargento, primeiro-sargento e subtenente. Esses são os praças. Para se tornar oficial o praça pode optar pelo Curso de Habilitação de Oficiais (CHO), caso seja segundo-sargento, ou deve participar do Curso de Formação de Oficiais (CFO), que eu fiz, tornando-se cadete por três anos e depois aspirante. As patentes oficiais são segundo-tenente, primeiro-tenente, capitão, major, tenente-coronel e coronel, que é o cargo máximo da hierarquia em nossa corporação.

Eu estava certo de que havia cumprido a minha missão até ali. Entendo que uma das principais tarefas de um verdadeiro líder é tornar-se dispensável para seu time e ter a consciência que as pessoas que preparou em sua equipe se tornaram extremamente capazes de realizarem a missão, mesmo se ele estiver ausente ou distante. Mas eu também sei que, além de treinar e compartilhar conhecimentos, a união e a harmonia do grupo é essencial, especialmente no Corpo de Bombeiros. Ela se forma através de laços de confiança e de boa convivência. E para isso há pouca teoria e muita prática.

Mesmo antes de ser promovido, eu sabia que eram bem poucos os capitães que continuavam no serviço operacional junto às equipes. Como dizia o cabo Menon:

— É ilusão o senhor achar que vai arrombar portas para sempre.

Eu sempre fui agitado, inquieto, um garoto com energia de sobra, como dizia minha mãe. Acredito que uma situação de caos e emergência seja justamente o momento em que eu consigo equilibrar essas intensidades, somando conhecimentos e entendendo a complexidade de cada ocorrência para encontrar uma solução. Talvez seja por isso que minha esposa, a Renata, diz que eu sempre fico "caçando missão", mesmo de folga. No trabalho operacional normalmente fazemos um plantão de 24 horas, mas quando entramos numa operação nunca sabemos que horas ou que dia ela vai acabar. Mesmo assim, muitas vezes esquecemos o relógio e confesso que sempre passo o olho para ver se tem algum novo chamado ou até mesmo algum desastre acontecendo pelo mundo para que possa ajudar de alguma maneira.

Acredito ter aproveitado bem todos esses anos como um oficial que pôde se dedicar ao serviço de rua, apesar de também acumular algumas atribuições administrativas. Isso foi possível em razão da relação de confiança que eu tinha junto aos meus comandantes, que me permitiram continuar em campo, atendendo às ocorrências e "sujando a bota".

Por isso, durante todos esses anos eu sempre busquei mais conhecimentos e me preparei para poder estar ao lado de outros militares que, apesar dos altos riscos, receios da família e das dificuldades que existem nessa e em outras profissões, veem a necessidade de existir mais pessoas treinadas e prontas para se dedicar a esse serviço. Já me perguntaram muitas vezes o que leva uma pessoa a correr tantos riscos para ser um bombeiro e até se não sou um pouco egoísta ao não pensar na minha família quando, por exemplo, preciso entrar num prédio que está caindo em chamas. Costumo responder que alguém precisa entrar nesse prédio, até porque nele pode estar a família de alguém ou até mesmo a minha.

Depois de tanto tempo como bombeiro militar, o que me mantém completamente envolvido e agradecido por essa profissão é poder ajudar alguém no pior momento da sua vida. Apesar da alegria pelo reconhecimento de um trabalho, temia que essa promoção me afastasse do serviço operacional e que eu precisasse me dedicar ainda mais às funções burocráticas. E todos que estavam mais próximos a mim sabiam e sabem disso.

Não é nenhum demérito atuar distante do campo. Ao contrário, acredito que seja uma das tarefas mais complexas nos Bombeiros, justamente por muitas vezes não poder sentir diretamente muitas das dificuldades que cada emergência revela. Sei que para um time, para uma equipe funcionar bem, é necessário haver uma série de peças que se complementam e algumas precisam existir justamente para que as outras possam agir. Conheci e reconheço muitos militares e profissionais que salvam vidas sem precisar sujar a bota todos os dias. Acredito que esse também possa ser meu lugar, em algum momento.

Quando contei para a minha família sobre a promoção, todos ficaram felizes, afinal, minha profissão acabava sendo uma missão para eles também. Eles precisavam abdicar de momentos, controlar sentimentos e correr alguns riscos. Somos um time. E quando comentei que talvez precisasse ficar mais ausente das operações nas ruas, meu filho mais novo, o Theo, perguntou:

— Papai, você não vai mais salvar as pessoas?

Depois de mais de quinze anos de carreira eu não havia pensado nisso desse ponto de vista mais ingênuo e verdadeiro de um menino de oito anos de idade. E de alguma forma isso mexeu comigo.

Na temporada que morei e estudei no Japão, aprendi mais sobre "Ikigai", que podemos entender como nossa "razão de viver". Lá eu tive a certeza de que aquilo que me motiva todos os dias é salvar vidas.

A pergunta do meu filho me fez pensar. Então comecei a lembrar de histórias emocionantes de alguns salvamentos, de resgates rotineiros e de grandes desastres, de algumas decisões difíceis que precisei tomar à frente de uma situação crítica, da importância de unir e dar o melhor para nossa equipe poder cumprir cada missão, da forma que consegui ajudar a mudar o rumo da vida de algumas pessoas e de como essas pessoas poderiam estar ajudando outras pessoas a partir disso.

Respondi ao Theo que, independentemente de onde estivesse, eu continuaria ajudando a salvar pessoas.

Naquele final do ano de 2018, depois de trinta dias exaustivos do Curso de Operações em Desastres, eu estava realmente precisando de um tempo de descanso ao lado da minha outra tropa, a família. Meus filhos estavam crescendo rápido e a Renata estava merecendo um descanso.

Antes de sair de férias, eu ainda tinha mais uma missão na corporação, pois havíamos recebido a determinação para mudar o nosso batalhão de local.

Assim passei os últimos dias daquele ano, encaixotando e agilizando nossa mudança. Dia 17 de dezembro seria o último dia e só faltava guardar minhas coisas. Joguei tudo que restava dentro de uma caixa de papelão e desci as escadas para colocar no caminhão. No último degrau da escada eu pisei em falso. A caixa pesada e meus quase cem quilos foram para o chão. Uma queda boba, pequena e desnecessária, mas não consegui conter o grito de dor. Tentei retirar a bota, mas não consegui. O Ferreira estava lá e correu para me ajudar. Quando ele tirou minha bota eu vi que meu pé já estava do tamanho de uma bola.

Logo imaginei que os próximos dias seriam doloridos. Mas o que mais me doía era saber que com tantos riscos de acidentes que já havia enfrentado, um último degrau havia me derrubado. Por isso sempre complemento às pessoas que dizem que bombeiros são "heróis" dizendo que nós sangramos. Ninguém imagina que o Hulk possa tropeçar no último degrau de uma escada e quebrar o pé.

Enfim, isso não deveria ser algo para me tirar o sono. O problema era conseguir ficar literalmente de perna para o ar justamente durante as férias dos meus filhos, que também tem muita energia. Não seria o fim de ano e as férias que eu havia planejado, mas ficar reclamando não faria o degrau, a caixa e a fratura desaparecerem. Remoer as causas e as consequências só me desgastaria mais. Agora era hora de encontrar uma forma de salvar as férias.

O Ferreira me levou para o hospital e o raio-x revelou a fratura no pé. A recomendação era ficar imobilizado por no mínimo trinta dias e depois seguir mais um bom tempo em fisioterapia. Fui para casa e, em vez de a família me receber empolgada para o início das férias, ouvi praticamente em um coro:

– *Que que* aconteceu?

Eu dei a notícia que teria que ficar imobilizado sem poder andar e que isso modificaria um pouco os nossos planos de aventuras em família, mas que não deixaria de ser em família. Só seria com menos aventura. A solução seria o clube.

O clube ficava perto de casa, em um local muito bonito, e era uma opção que atenderia boa parte das necessidades de todos. Havíamos acabado de ficar sócios. E essa é uma daquelas coisas que acontecem no momento certo. Não que simplesmente tenha caído do céu e que tenha sido fácil. Digamos que é uma daquelas oportunidades que passam pela nossa frente, mas que daria muito trabalho e seria melhor deixar passar. Mas eu também não desisto fácil.

Custamos para comprar a cota familiar que permite acesso ao clube, pois o dinheiro do mês sempre era a conta exata para as despesas da família e sobrava muito pouco. Só conseguimos porque poucos dias antes de entrar de férias uma amiga da minha esposa comentou que não estava mais conseguindo ir ao clube e fizemos uma proposta dentro de nossas condições. Deu certo. Só que minha esposa ainda não era minha esposa. Vou explicar.

Eu e Renata não erámos casados "de verdade". Acho que herdei esse modelo de relacionamento dos meus pais que estão juntos há quase quarenta anos, mas não são casados. Nós já estávamos juntos há 13 anos e morávamos sob o mesmo teto há nove anos, mas para o clube seria necessário casar ou pelo menos ter um registro de união estável.

Nós nunca nos preocupamos com isso. Quando pensamos em casar, resolvemos construir uma casa e pronto. Apesar de algumas pessoas dizerem que obra pode acabar com um casamento, o nosso começou com uma. Outra coisa que aprendi é que nem sempre as obras acabam quando terminam. Mesmo depois da casa construída, muita coisa ainda tinha que ser feita. Depois de dois anos morando ali ainda não havia portas em todos os lugares que deveriam ter portas, por exemplo. O que tinha era espaço. Não sei por que inventamos uma casa tão grande, se nem teríamos dinheiro para os móveis. Quando recebíamos amigos e eles se ofereciam para trazer algo, eu gentilmente dizia:

— Pode trazer algo pra se sentar.

Nós tínhamos apenas uma mesa, quatro cadeiras, algumas banquetas e só. Mesmo assim era o nosso teto. E como a cerimônia e a documentação de casamento custavam uma boa grana, escolhemos a casa e depois o casamento. Pouco tempo depois nasceu nosso primeiro filho, Davi, e passei a dizer que assim que ele se formasse em medicina a gente se casava. Então nasceu nosso segundo filho, Theo, e quando até quem sonha em se casar já teria desistido, surgiu a oportunidade da cota do clube e agora esse casamento precisava acontecer.

Corri para o cartório — lembrando que isso foi alguns dias antes de cair da escada e fraturar o pé — para entender como funcionava o processo para o casamento civil e recebi um balde de água fria ao ser informado que era necessário entrar com a papelada e aguardar sessenta dias. Sinceramente nunca entendi essa burocracia e acho que esse prazo foi criado numa época em que as pessoas precisavam de um tempo maior para desistir de casar. Então fui para a opção de união estável e me disseram que bastava levar duas testemunhas e era até mais barato. Perfeito. Voltei pra casa, avisei a Renata e ela aceitou.

— Mas quem vamos chamar para ser as testemunhas? — a "noiva" perguntou.

Na minha cabeça eu pensava: *"Qualquer um que estiver passando na rua e não estiver fazendo nada. Afinal, amor, nós já somos casados e só precisamos disso pra você entrar no clube".*

Mas justamente por eu "já ser casado", sabia que essa minha praticidade não seria bem entendida e não quis arriscar minha vida dando essa resposta. Se eu desse, não haveria casamento, nem clube.

— Podemos chamar a Cris e o Latinha.

Latinha, é o apelido do subtenente Wanderley, um grande amigo no Corpo de Bombeiros que havia se aposentado há pouco tempo. Como eu sabia que ele estava de folga e não fazia muita coisa, seria a testemunha perfeita. A Cris é a esposa dele.

– Boa ideia! Acho que eles ficariam felizes.

Ufa! Ela topou. Mais uma etapa estava vencida. Agora eu tinha que dar um jeito de marcar a data o mais rápido possível para conseguirmos aproveitar o clube ao máximo, pois o período de férias de janeiro se aproximava.

– Pode deixar que eu marco com eles – disse para minha futura esposa.

Eu tinha certeza de que não teria problema. O Latinha topava qualquer coisa, mesmo de última hora. Assim que minha esposa saiu para levar os meninos nos últimos dias de aulas no colégio, liguei para ele.

– Fala, Latinha! Tudo bom?

– Tô bom. E você?

– Acabei de formar uma boa turma no Curso de Operações em Desastres e vou entrar de férias no final do ano.

– Legal. O que conta de novo?

– Eu tô precisando de uma ajuda. Você e a Cris vão estar ocupados amanhã na hora do almoço?

– Bom, eu tô tranquilo. A Cris tem duas horas de almoço. Em duas horas dá pra ajudar?

– Dá sim, cara. Vou falar com a Renata e a gente se encontra pra almoçar amanhã por volta de 12h30, pode ser?

– Lógico. Tá fechado. Aonde vamos?

– Te mando o endereço.

"Resolvido. Tem um restaurante bem do lado do cartório. Marco lá, quando acabar o almoço nós passamos no cartório e nos casamos."

Pensei nisso rapidamente, já imaginando que se fosse explicar muito a Cris e a Renata iam ficar escolhendo roupa, preocupadas com salão de beleza, em chamar mais gente...

Assim que Renata chegou em casa eu falei:

– Combinei de almoçar com o Latinha e a Cris amanhã, tá beleza?

— Joia, Léo. A gente deixa os meninos na escola e vai.

Na minha cabeça, seguia tudo joia mesmo.

No dia seguinte, nós acordamos bem, tomamos nosso café da manhã, ajudamos os meninos nos deveres da escola, demos o almoço para eles e fomos juntos levá-los para o colégio. Em seguida fomos para o restaurante. Estacionamos, descemos e a Renata disse:

— Vamos esperar no restaurante?

— Então, Rê, como a gente já tá do lado do cartório eu pensei em agilizar esse negócio.

— Leonard!

Só ali que eu percebi que não estava tudo muito joia.

— Você avisou a Cris e o Latinha que a gente vinha no cartório e não me disse nada?

Neste momento a Cris e o Latinha chegaram. Calmamente eu cumprimentei os dois e disse:

— Então, eles também não estão sabendo.

— Sabendo de quê, Farah? — perguntou o Latinha com seu velho hábito de me chamar pelo sobrenome.

— Calma, gente. É só uma união estável.

— Vocês vão se casar? — a Cris perguntou surpresa.

— Não é casamento, Cris. É uma união estável pra comprar uma cota do clube —fui rápido demais na resposta.

Nesse momento senti um tapa no braço. Olhei para a Renata, a noiva, que estava quase chorando de raiva. Olhei para o Latinha, a testemunha, e ele chorava de rir.

— Calma, gente. Como o Latinha disse que estavam tranquilos hoje no almoço, eu já resolvi marcar aqui pra falar com vocês e adiantar tudo. É só aproveitar que a gente está aqui, agilizar a papelada e depois vai para o almoço — eu falei tentando salvar meu casamento.

— Credo, Léo. Você não desiste nem de cota de clube — disse aquela que me conhece melhor que eu mesmo.

Em menos de duas horas estávamos tomando chope no restaurante do lado, comemorando nossa união estável e a entrada na papelada do clube.

E assim começou 2019: capitão, casado, com o pé quebrado e a família toda no clube.

Conforme previsto, trinta dias depois do acidente na escada, voltei ao médico.

– Dói aqui? – o médico perguntou.

– Nada, doutor – eu respondia, enquanto me remoía por dentro com o apertão que ele dava no meu pé.

– Agora mexe para cima e para baixo, como se estivesse acelerando. Agora mexe para os lados. Fica em pé e anda até a porta.

Pensei: *"Agora fudeu!"*

Fui dando passos curtos, mas eu sentia tanta dor que nem precisava ser médico para perceber que eu estava mancando bastante.

– Olha, Farah, vou finalizar sua licença médica só porque você já está de férias, mas você continua dispensado de atividades de impacto. Daqui a trinta dias você retorna para reavaliarmos.

– Posso nadar?

– Controla para não piorar.

Ameacei perguntar se eu já poderia andar de moto, mas achei melhor não arriscar. Afinal ela já havia respondido que era só controlar.

Assim, controlamos a rotina nas férias. Acordávamos cedo, arrumávamos as coisas e íamos para o clube.

Até que no dia 23 de janeiro de 2019…

Por alguma razão nesse dia acordei mais cedo que o horário de costume. Sai no quintal e percebi que minha moto estava toda mastigada. O meu pequeno pastor alemão havia feito isso uma vez quando fiquei um tempo longo longe de casa, morando no Japão.

Em outubro de 2017 fui selecionado para fazer uma especialização em gestão de desastres causados por grandes deslizamentos e terremotos, num curso em que estavam os melhores profissionais do mundo nesse tema. Era uma turma restrita para doze pessoas de diversos cantos, como Nepal, Peru, Sri Lanka, Myanmar, Paquistão, Vietnã, Filipinas e outras regiões que são normalmente atingidas por esse tipo de desastre. Todos estavam em busca de conhecimentos para minimizar danos causados por desastres naturais em suas localidades e para poder prestar ajuda em ocorrências ao redor do mundo. Os japoneses dominam muito esse assunto. Em 2017, o país registrou mais de 2 mil terremotos e, em 2016 foram mais 6,5 mil tremores de terra. Por isso, precisam estar um passo à frente quando o assunto é prevenção e entendem a importância de conhecer e de compartilhar experiências com profissionais de regiões diferentes.

Foi uma troca incrível de aprendizados e de histórias. Conheci o Chris, de Papua-Nova Guiné, que perdeu quase toda família "soterrada" na lava de um vulcão ativo em seu país. Depois disso ele se tornou um dos responsáveis por montar planos que evitassem que mais pessoas morressem nesse tipo de desastre. Conheci o Ranja, do Nepal, que ficou três dias presos nos escombros após ser atingido por um terremoto em 2015. Assim como para alguém que ama velocidade pode ser mágico conhecer um piloto de Fórmula 1, para mim poder conhecer sobreviventes ou socorristas de grandes desastres é algo fantástico.

Para participar do curso todos deveriam ter formação principal em engenharia. Eu era bombeiro e não ia desistir. Pouco antes de embarcar concluí um mestrado em Engenharia Geotécnica, na Universidade Federal de Ouro Preto. Ainda bem que fiz essa formação, pois lá tive que aprender a calcular como construir barragens de contenção, traduzindo do japonês para inglês e depois para português. Quando chegavam as aulas de hidráulica e cálculo de estruturas a minha vontade era pedir para trocar por dois mil metros de natação ou ficar o dia inteiro combatendo incêndio em edificação, mas eu não ia desistir. Sem isso não teria ido para o Japão e os três meses que fiquei lá foram importantíssimos para abrir minha mente e me fazer especializar em soluções que pudessem evitar ou minimizar danos de grandes desastres.

Além de toda parte técnica, um dos aprendizados mais significativos que tive nesse período fora foi sobre a importância da conservação da memória. Pelo fato de os japoneses terem sofrido muito na guerra e com todos os desastres que vivenciaram e que ainda enfrentam eles veem a importância de preservar as histórias, mesmo aquelas mais tristes. Por exemplo, em Hiroshima, há um museu que conta toda história do "Dia da Bomba", lembrando a primeira bomba lançada na guerra em 6 de agosto de 1945 e que matou mais de 140 mil pessoas. Eles preservam o local exato onde a bomba atingiu a cidade e um prédio totalmente destruído, o Atomic Bomb Dome (Cúpula da

Bomba Atômica), encontra-se lá até hoje para que todos os japoneses e visitantes vejam os terrores da guerra e, de alguma forma, tentem evitar mais perdas. Dentro do museu há o uniforme de uma criança totalmente queimado, um triciclo parcialmente destruído, bem como um grande relógio marcando 8h15, o horário em que a bomba atingiu o local. Aquilo tudo era fascinante, claro que não pela tragédia, mas pela sabedoria de um povo que sabe da importância de conservar a história de uma forma que ela gere conhecimentos e entendimentos que possam evitar a repetição de uma mesma dor.

E isso não estava apenas relacionado à guerra. Há prédios caídos ou incendiados que são conservados para que as pessoas se preocupassem em prevenir novos desastres. Em Toyama visitamos um local onde um grande bloco de rocha se desprendeu e rolou por cerca de quarenta quilômetros, atingindo casas e matando várias pessoas. Esse bloco de rocha é um museu a céu aberto.

A capacidade de transformar a tragédia em um ensinamento para salvar e valorizar a vida me fascina até hoje. Uma das minhas ideias ainda no Japão era voltar para o Brasil e poder sugerir que parte do distrito de Bento Rodrigues, o primeiro local atingido na tragédia de Mariana, pudesse ser um museu a céu aberto para mostrar casas destruídas, carros revirados e tudo que a lama deixou, fazendo com que as pessoas não se esquecessem do que aconteceu ali, sentissem um pouco dessa dor para que não permitissem que aquilo pudesse acontecer de novo. O objetivo não é promover tristeza, muito menos impedir a reconstrução de um local que até hoje não conseguiu se reerguer, mas sim não apagar completamente da memória o que aconteceu naquele dia 5 de novembro de 2015. Seria uma forma de homenagear as histórias que foram interrompidas ali e transformá-las num modo de salvar a vida de outras pessoas.

Entre as outras coisas que aprendi em poucos meses no Japão, uma delas foi que meu cachorro sentia a minha falta. Foi nessa época que ele começou a comer pedaços da minha moto. Acho que ele percebia que a moto era o que me trazia para casa todos os dias. Mas naquele dia 23 de janeiro de 2019 passei a desconfiar que era uma forma de avisar que eu passaria mais alguns dias fora de casa.

— Rê! O Hulk comeu a seta da moto. Tô indo lá trocar.

— Deixa de ser sem juízo, Léo. Você tá com o pé quebrado. Pra limpar a casa e me ajudar aqui não dá, né? Mas pra andar de moto ou atender ocorrência você já tava bom!

— Nada! Tô bem. Vou lá rapidinho e quando voltar nós vamos pro clube.

Saí rápido antes que ela resolvesse mudar minha missão.

Eu estava de moto porque tive que vender o meu xodó, um carro 4x4 que amava de paixão. A moto era mais econômica e me ajudava a deslocar mais rápido, mas como todo veículo de duas rodas, pode cair. Como já havia caído, eu me apegava à ideia de que não cairia mais. Essa já era minha terceira. A melhor foi a primeira, 90 cilindradas, ridiculamente pequena, azul, que nem marcha tinha. Como os tempos não estavam fáceis, moto era a solução. Meus filhos adoravam andar na garupa, na tradicional volta no quarteirão que para eles era uma grande aventura. Já para minha esposa e para meus pais a moto era um pesadelo. Eu entendo, pois já vi e atendi muitos acidentes de moto e toda vez que subia nela, lembrava disso.

Assim que sai de casa no caminho da oficina, vi o helicóptero do Corpo de Bombeiros, o Arcanjo 04, pousado na rodovia BR 040. O primeiro pensamento que me veio à cabeça naquele momento foi:

"Nossa, se eu precisar um dia, o helicóptero pode pousar aqui perto de casa".

E rapidamente meu pensamento voltou para algo que aprendi ao longo de minha carreira:

"Cuidado com o que você pede".

Parei a moto próximo ao Arcanjo para ver se poderia ajudar em algo, mas já tinha gente demais lá. Estar de fora, sem poder fazer nada gera em mim uma expectativa frustrante. Dessa vez, era um acidente de carros, sem moto. Segui rumo à oficina.

Em vinte minutos a seta já estava trocada. Voltei para casa para me arrumar e levar todos para o clube. Antes de sair, recebi uma mensagem de um número desconhecido. Era de um cara que dizia ter uma amiga em comum, Silvinha Castro.

Silvinha é a "repórter do bem", uma pessoa fantástica que um dia me entrevistou sobre o acidente de Mariana e ficou fascinada com a história. Eu disse a ela que estava tentando publicar um livro fazia dois anos, mas ninguém queria dar atenção para um "bombeiro escritor". A Renata volta e meia falava que esse livro poderia me trazer mais dor de cabeça:

— Para de inventar, Léo. Olha o ciúme de farda. Vai escrever um livro e vai caçar uma transferência pra uma seção atrás da mesa.

Mas eu queria muito contar aquela história que falava sobre as primeiras horas da operação em Mariana, além de alguns detalhes que fazem parte da carreira de um bombeiro. Era uma forma de valorizar essa profissão e também os militares que não desistiram e estiveram ao meu lado num dos momentos mais difíceis da minha vida.

Lembro que após as operações em Mariana, o coronel Willian pediu que eu fizesse um relatório da ocorrência, pois fomos a primeira equipe a chegar e ajudamos a resgatar mais de setecentos pessoas em Bento Rodrigues e em Paracatu de Baixo. Ele entendia aquilo era um ato de bravura que merecia promoção para os militares envolvidos. Eu comecei a escrever o relatório, mas para explicar tudo que vivemos naquelas primeiras quinze horas não cabia em dez, nem em vinte páginas. Eu precisava contar com detalhes o quanto aquelas pessoas que trabalhavam comigo eram profissionais de alto nível e seres humanos incríveis. O relatório se transformou num livro com uma declaração que ia muito "além da lama".

— Você vai ser escritor, papai? — perguntou meu filho Davi com sua curiosidade inerente por gostar tanto de ouvir as aventuras do batalhão.

— Não sei Davizão, mas tô tentando contar essas nossas histórias para mais pessoas.

— Podia virar um filme.

Ele tinha razão, pois às vezes parece até um roteiro de cinema. Mas se eu achava difícil publicar um livro, imagina ver essas histórias em uma tela.

Além de impactar e inspirar pessoas, aquele primeiro livro tinha uma função: homenagear os companheiros que estiveram ao meu lado naquele dia.

Alguns meses depois da operação, participamos de uma homenagem ao Corpo de Bombeiros Militares de Minas Gerais. O orador começou a falar da história de um subtenente que havia atuado nas primeiras horas do desastre de Mariana:

"Trabalhei ali durante toda a noite, tentando retirar uma família. Ao final da noite minhas mãos sangravam"

Eu não acreditava que estava ali ouvindo aquilo. Talvez ele tenha se enganado com a data ou apenas tenha agido para ganhar alguns aplausos, e ali estava conseguindo atingir seu objetivo. Onze militares passaram aquela noite isolados em Bento Rodrigues, tentando encontrar uma rota de fuga para os moradores, e aquele militar não era um deles. E ninguém saiu de lá sangrando.

Alguns militares de minha equipe ficaram revoltados:

— Tenente, como que esse cara tem a coragem de falar isso? Ele nem lá estava. O senhor tem que falar a real.

— Deixa, Thiago.

Durante aquela solenidade nós seríamos homenageados e como eu era o mais antigo fui escolhido para proferir algumas palavras.

— Eu queria muito agradecer, além de toda a guarnição que esteve ao meu lado durante aquelas primeiras quinze horas, agradecer ao subtenente que trabalhou incansavelmente durante toda a noite e no final da missão teve que ir ao hospital, pois suas mãos sangravam. Ele é a representação de um grande herói.

Falei isso olhando dentro do olho dele. As pessoas aplaudiram, eu também. Ele estava branco, sem graça, não tinha onde enfiar a cara. Enquanto a soberba e a prepotência requerem um nome e desejam aplausos, um bombeiro de verdade prefere o anonimato e não busca o pódio, pois lá só cabe uma pessoa. Ser bombeiro é um trabalho de equipe.

Assim que recebi um diploma como homenagem, eu me dirigi ao subtenente e entreguei a ele. Era nítido seu constrangimento. Acho que ele preferia um tapa na cara. Ele recusou veementemente aquele "troféu". Mas eu insisti e voltei para o lado dos anônimos. Chegando lá, cada um deles prestou continência. Até que um deles não se aguentou:

— Puta que pariu, tenente! Melhor atitude.

No dia seguinte ao evento, quando cheguei ao batalhão, havia um envelope na minha mesa. Ao abrir, vi o diploma e um pedido de desculpas. Guardei aquela carta, tentando acreditar que não poderia acontecer de novo.

Todos os membros de um time são importantes, ainda mais nessa profissão. Não existe um mais importante que o outro quando é preciso trabalhar como um Corpo.

A Silvinha mandou um trecho do livro para esse tal Fernando. Ele me disse que se envolveu demais com o que leu e me perguntou se eu poderia compartilhar o restante dos escritos, pois queria me ajudar a contar aquela história para impactar outras pessoas e mostrar o que motiva alguém a ser bombeiro e a dedicar sua vida para salvar vidas.

Era isso. Eu estava ouvindo um "sim" de alguém que nem me conhecia e queria me ajudar. Naquele momento tive a resposta para a pergunta do meu filho, Theo. Eu descobri que aquele livro, além de outras histórias, muitos aprendizados e todas as experiências que tive também poderiam ajudar a salvar vidas.

O que eu não sabia ainda era o que estava para acontecer de novo.

25 DE JANEIRO DE 2019

ACONTECEU DE NOVO

– Léo, já tá todo mundo pronto pra ir para o clube.
– Peraí, Rê. Só tomar um café.
– Outro café, né?
– Eu tô de férias do serviço, mas não tô de férias do café.

Quando acabei de dar o último gole na xícara, peguei meu telefone para sairmos em direção ao clube, seguindo a rotina de todos os dias.

Assim que abri o celular, vi uma mensagem do cabo Caldas, tripulante do Batalhão de Operações Aéreas (BOA):

– *Rompimento de barragem em Brumadinho*

– *Fizemos contato com as vítimas, procede*

– Qual barragem?

– *Córrego do Feijão*

Aconteceu de novo.

Como eu queria acreditar que o rompimento de barragem não teria acontecido pedi para o cabo Caldas me mandar a foto do nosso sistema de chamadas, o Centro de Atendimento de Despacho (CAD). Ele enviou a foto e complementou:

– Muita gente desaparecida.

Meu Deus!

– Renata, uma barragem rompeu. Vou ter que ir.

– Outra vez, Léo? Depois da barragem de Mariana toda hora tem um chamado de barragem rompendo.

Ela tinha razão. Após a ocorrência de 2015, eu tive que sair correndo de casa várias vezes para ir em algum açude que transbordou ou numa barragem abandonada que as pessoas achavam que estava para romper. Muitas pessoas não imaginam, mas só em Minas Gerais são mais de setecentas barragens de diferentes tipos e finalidades. Sempre que algo acontecia em alguma delas, causava pânico. Não é para menos, afinal Mariana deixou grandes lições e muitos traumas também. E como havia me especializado nesse assunto, eu sempre atendia, mas até então eram sempre alarmes falsos.

– Eu tenho que ir.

– Léo, deixa eu te falar uma coisa, você está com o pé que-bra-do! Deixa de ser sem juízo.

– Pode ir pro clube com os meninos.

– Tá, bom. Quer caçar serviço, vai, mas quando você voltar essa hoje a noite vai se arrepender de não ter passado o dia com a gente no clube e ainda vai estragar seu pé.

– Vamos pro clube, papai.

– Papai não vai poder ir hoje, Theo.

O pedido de meu filho me tirou do transe e me fez lembrar que eu estava de férias. Mas logo voltei à importância do que estava prestes a fazer, e complementei:

– Tem pessoas que estão precisando muito do papai agora.

Acho que ele entendeu. Ou ainda vai entender. Então, liguei para o tenente-coronel Ângelo.

– Comandante, eu tô em condições de ir.

– Farah, aciona toda a CBS [*Companhia de Busca e Salvamento*]. Manda todo mundo deslocar para o BEMAD. Vamos precisar de todo mundo.

– Bom, tô indo e a agente se encontra lá.

– Até.

Mandei mensagem para nosso grupo do batalhão, enquanto arrancava a bota imobilizadora. Subi as escadas com dificuldade, pois meu pé doía. Achei a farda, mas não tinha ela completa. Eu havia sido promovido há poucos dias, antes de iniciar as férias, e ainda não tinha comprado todo fardamento novo. Fui para o banheiro, peguei a máquina de cortar cabelo e comecei a raspar a barba. Minha mochila estava no quartel com tudo, então pedi para levarem minha mochila na viatura. Eu não tinha muitos equipamentos em casa, mas sempre carregava alguma coisa. Peguei o primeiro capacete que eu havia comprado na corporação, um cinto de salvamento em altura, mosquetão e freio 8, lanterna, canivete multiferramenta, um short, uma blusa e mais uma farda, coloquei o coturno... como doía o pé! E meu terço? Onde estava o terço que minha mãe havia me dado e que usei em Mariana? Havia colocado na gaveta, pois no dia anterior enviei uma foto dele junto com o livro para o tal Fernando. Peguei-o e coloquei no bolso da gandola, uma espécie de jaqueta militar.

Era hora do almoço. Desci as escadas e lembrei de uma das mais importantes lições que aprendi como militar: "sempre que puder, coma".

Abri a geladeira e não tinha nada. Abri o freezer, vi um pote de açaí, peguei e saí para o quintal. Quando vi minha moto, lembrei do acidente na estrada e do local de pouso do helicóptero. Mandei uma mensagem no grupo:

— Quem tá vindo no ABS[2]?

— Sargento Faria, senhor.

— Qual a localização?

— Estamos próximo do Posto Chefão, capitão.

— Ok. É do lado da minha casa. Pode vir para o Vale do Sol. Encontro com vocês na avenida.

— Menon, manda uma aeronave para o Rola Moça. Tem heliponto lá.

— Copiado.

Parei um instante, pois estavam chegando alguns vídeos do local da ocorrência.

Meu Deus! Eu fiquei paralisado. Pelo pouco que já estava vendo da situação era muito mais grave do que eu imaginava. Logo veio na minha cabeça: "o tempo é 00".

No Curso de Operações em Desastres mostro que na maioria dos acidentes e grandes desastres é possível buscar soluções para evitar perdas. E se não conseguir evitar o acidente, é possível evitar mortes.

Durante um dos simulados que realizamos em uma mineradora, notamos que havia algumas estruturas próximas de uma barragem e perguntamos a um dos responsáveis:

— Qual o tempo que as pessoas teriam para sair caso a barragem rompesse?

— 00 — respondeu o funcionário.

"00" é o tempo usado para dizer que não tem tempo.

Para essa análise utilizamos a fórmula: $R = A \times V \times P$. Risco é igual a Ameaça multiplicado pela Vulnerabilidade e multiplicado pela Probabilidade. Nesse caso, basicamente significa que a ameaça é a barragem romper — e nos últimos quatro anos eu já fui em dois rompimentos de barragens; vulnerabilidade é tudo aquilo que pode ser afetado e a probabilidade é a chance de risco acontecer.

---

[2] ABS: viatura dos Bombeiros — Autobomba e Salvamento

Quando identificamos um risco iminente nessas visitas, a depender das atividades e das responsabilidades envolvidas, o que os Bombeiros podem fazer é alertar.

Em Mariana, tivemos tempo para seguir a rota da lama e avisar centenas de pessoas que estavam à frente, em regiões que foram completamente devastadas. E agora? Daria tempo de avisar alguém?

Por um instante pensei que pudesse ser apenas uma grande coincidência termos realizado o curso dois meses antes, ou melhor, exatamente 42 dias atrás. Aquele tinha sido o treinamento mais intenso que aplicamos e mesmo assim foi o maior grupo de militares que formamos. E mesmo entre aqueles que não se formaram, todos ali tinham absorvido conhecimentos que seriam fundamentais para o que estava acontecendo de novo. Então, tive a certeza de que não era uma coincidência, nem sorte, era exatamente o que precisava ser feito para estarmos preparados para um dos maiores desafios de nossas vidas.

Abri o portão e comecei a correr em direção à avenida principal. Algumas pessoas na rua olhavam pra mim e não entendiam nada, um bombeiro correndo com uma mochila nas costas e um açaí na mão. Assim que dobrei a esquina, vi a viatura se aproximando e embarquei nela em movimento. Lá estavam alguns militares da minha equipe, inclusive alunos do último Curso de Operações em Desastres. Vi o sargento Faria, aluno 190, soldado Lima, aluno 213, além de Vinicius e Lázaro, que foram instrutores no curso.

– O pé quebrado já está bom, senhor? – perguntou o Lima.

– Não preocupa com isso. Conheço um cara que fez o Curso de Operações em Desastres com a mão quebrada, não é mesmo, 213?

Dentro da viatura chegavam sem parar mensagens pelo rádio e nos celulares com imagens de Brumadinho, que ficava a pouco mais de cinquenta quilômetros de Belo Horizonte.

– Faria, vai tocando para o Rola Moça. Tô pedindo pra aeronave pegar a gente. Eu vou embarcar com mais um ou dois. Quem não couber, fica no heliponto e espera a outra aeronave. Faria, você vai de viatura pra levar material.

No caminho eu mandava mensagens e falava pelo rádio e celular, tudo ao mesmo tempo. Eram várias informações que chegavam desencontradas. Situação caótica.

— Pessoal, atenção. A situação está feia lá. Da mesma maneira que Mariana, evitem entrar em contato com o rejeito, porque a gente não sabe se é toxico ou não. Não fiquem nunca sozinhos. Deixem os rádios na faixa 5. As outras faixas vão estar congestionadas. Qualquer coisa que precisarem me chamem no rádio e se perdermos a comunicação vamos nos reunir na base às 18h quando deve anoitecer. Até lá o Posto de Comando já deve estar montado. Faria, anota todo mundo que tá se deslocando para monitorarmos todo nosso efetivo.

— Sim, capitão.

— Não se esqueçam: vocês estão preparados. Só tomem cuidado e façam aquilo que vocês treinaram para fazer.

— Sim, senhor – responderam em coro.

Estávamos descendo a serra do Rola Moça e eu já conseguia avistar uma aeronave se aproximando e não era o helicóptero dos Bombeiros, o Arcanjo, pois a pintura vermelha e amarela era inconfundível. Parecia o Carcará, o helicóptero da Polícia Civil. Peguei o pote de açaí e virei o resto pela goela abaixo, não deu nem tempo de oferecer aos outros militares. Eu ainda não tinha almoçado e não sabia quando iria comer novamente. Olhei para aquele pote de açaí e lembrei que antes de decolar para a operação em Mariana o que tinha salvado minha fome foi justamente um pote de açaí comprado pela cabo Carolina.

Fiquei aguardando a aeronave pousar. Era mesmo o Carcará. Recebi o comando para embarcar. O piloto era o Cacá. E lá estavam o soldado Daniel e o cabo Menon.

Quando vi o Menon dei um sorriso. Não apenas porque ele foi um dos instrutores do último curso, mas por lembrar que é muito melhor embarcar numa missão ao lado de quem você confia. Qual missão? Qualquer uma. Esse é outro grande aprendizado que eu seguia carregando comigo: não importa o tamanho do desafio, se ao seu lado estiverem as pessoas certas.

Logo depois de mim, embarcou o cabo Vinicius que estava na viatura. Então o Lima e o Lázaro aguardariam a segunda aeronave.

Coloquei os fones e ouvi o Cacá.

— Capitão, Farah! Quem diria, hein?

Cacá me conhecia desde os tempos que eu era soldado. Ele é irmão de um oficial dos Bombeiros, o coronel Teixeira, que foi meu comandante e vez ou outra nos encontrávamos em operações. Além disso, o primeiro voo solo do Cacá foi em nosso treinamento do Curso de Operações de Desastres. Em um dos treinamentos, o helicóptero pairava no ar e tínhamos que saltar a mais de dez metros de altura, no centro de uma represa, e nadar por mais de cinco quilômetros até as margens.

— Fala, Cacá! As informações que estou recebendo é que a coisa tá feia.

— Você tem alguma orientação especifica?

— Vamos fazer a mesma coisa que fizemos em Bento Rodrigues.

O *case* de Bento Rodrigues, um distrito de Mariana, tinha ficado famoso em nosso meio, pelo nosso tirocínio em querer seguir a lama e não pousar na primeira cidade que vimos e que já estava completamente atingida pela lama. A decisão de seguir o fluxo da lama nos ajudou a evacuar completamente um outro distrito, Paracatu de Baixo, levando mais de duzentas pessoas para o ponto mais alto antes de serem atingidos pelo rio de lama.

Até aquele momento, apesar de saber que as condições do local eram diferentes em Brumadinho, eu ainda acreditava que poderíamos fazer o mesmo. Iríamos verificar se alguém precisava de socorro na área já atingida e nos adiantaríamos em relação à frente da onda de lama para ver se mais alguma comunidade poderia ser atingida, avisando os moradores em tempo de escapar para um local mais alto.

— Copiado.

Antes de decolar recebi um vídeo que me chocou. Era o helicóptero dos Bombeiros, o Arcanjo, bem próximo da lama em Brumadinho. Dava pra ver o subtenente Gualberto tentando resgatar duas pessoas que estavam totalmente cobertas de rejeito de lama.

— Cacá, acabei de ver que tem gente viva presa na lama. O Arcanjo tá fazendo um pairado por lá e podemos dar apoio.

— Farah, não vamos conseguir. Esse helicóptero dos Bombeiros é mais potente que o nosso. Pra fazer isso, vamos ter que desembarcar tripulantes.

De helicóptero, chegaríamos ao local da barragem em Brumadinho no máximo em cinco minutos. Mas antes de chegar lá pude ver outra cena que me aterrorizou. Era uma nuvem densa de rejeito e uma grande área já totalmente coberta pela lama.

Ao sobrevoar a região perto da barragem, só dava para ver muitos destroços no meio de um vale de lama, como se uma avalanche de terra tivesse rolado de uma grande montanha.

– Cacá, tenta achar um local pra pouso pra descer dois e seguirmos mais leve.

Ele encontrou um campo e pousou. Pedi para o soldado Daniel e o cabo Vinicius desembarcarem e aproveitarem para fazer uma busca naquele local, então levantamos voo novamente. Eu tinha a expectativa de logo mais ver pessoas acenando para a aeronave, assim como aconteceu em Mariana.

– Vamos ter que fazer voo de guerra. Se tiver alguém misturado com essa lama, não vamos conseguir identificar se estivermos muito alto.

"Voo de guerra" é a expressão que usávamos para um rasante próximo ao solo. Nesse tipo de voo, o "efeito solo", o ar que as pás do helicóptero jogam para o solo e que retorna para a aeronave, desestabiliza o voo e exige muito mais do piloto. Era extremamente perigoso, mas do jeito que a situação estava não tinha como fazer de outra maneira.

Lembrei da frase que eu falava para os alunos quando eles iam fazer o voo de helicóptero para saltar na represa durante nosso curso: *"Não se preocupem, se cair de vinte ou de cinquenta metros de altura vai estragar do mesmo jeito"*.

– Copiei – disse o Cacá, que sabia exatamente o que conseguia fazer naquelas condições.

Peguei meu celular para registrar imagens, a fim de começar a marcar no mapa os pontos mais importantes e enviar para as equipes de busca.

Sobrevoamos um vagão de trem retorcido e uma locomotiva. Ali dava pra imaginar a força absurda daquele impacto para que tivesse feito aquilo com aquele material.

Seguimos o fluxo e o que me preocupava mais era não ver uma estrutura ainda de pé. Em Mariana, assim que chegamos vimos ruínas de algumas casas atingidas pelo tsunami, mas em Brumadinho o cenário estava diferente, principalmente pela posição da estrutura da empresa que estava bem próxima daquela barragem.

Passamos por um prédio verde que estava completamente destruído.

– Cacá, faz um giro 360 neste ponto.

A aeronave subiu um pouco e deu algumas voltas. Menon olhou para mim e disse:

— Capitão, aqui não tem nada.

Lembrei novamente do tempo: "00".

— Pode seguir, Cacá.

Continuamos seguindo o fluxo de lama e não víamos absolutamente ninguém. Apesar de saber que é uma situação desesperadora, naquele momento eu estava torcendo para ver pessoas acenando para o helicóptero, pedindo ajuda. Mas não havia ninguém, infelizmente.

— Farah, chegamos até a....

— Cuidado, aranha! – gritou o Menon.

"Aranha" é a expressão que usávamos para fios de alta tensão. Geralmente eles ficam sinalizados em locais onde existe circulação de aeronaves e havia um bem na nossa frente, perto de um pontilhão de trem. Não dava tempo para arremeter a aeronave. Mas o Cacá é extremamente experiente e conseguiu passar por baixo.

— Puta que pariu!

Aquele era um voo muito arriscado, mas precisávamos permanecer muito próximo da lama, numa corrida contra o tempo para tentar encontrar algo. E não encontramos nada em movimento, pedindo por ajuda. Como eu queria ver alguém... Eu forçava os olhos para tentar enxergar algum movimento na lama, uma silhueta ou algo que pudesse indicar qualquer sinal de vida, mas não.

— Farah, aqui já é o rio principal. Acho que é o Rio Paraopeba.

Eu não conseguia pensar direito no que falar naquele momento. Não conseguia aceitar que não houvesse sobreviventes para salvar. Quem estava na frente da lama, praticamente não teve tempo de sair.

- Volta e vamos refazer – eu insisti, tentando acreditar que nós não vimos algo, mas estava lá.

— Você ouviu no rádio, Farah? Estão chamando todo mundo no Posto de Comando.

— Cara, não é a hora de fazer reunião. É a hora de fazer resgate. Vamos fazer uma nova busca. Concorda?

— Vamos! – afirmou o piloto.

Voltamos em alguns pontos, olhamos ainda mais de perto e novamente nada. Já não falávamos mais nada dentro do helicóptero. Era um silêncio terrível. Acho que todos ali estavam esperando alguém falar: "Ali! Eu vi uma pessoa". Mas não tinha ninguém. Não podia ser verdade.

Em Mariana, conseguimos retirar pessoas nas primeiras horas da operação, mas em Brumadinho não conseguíamos ver as pessoas ilhadas, desesperadas em cima de casas, nem mesmo aquelas que se divertiam sem saber que a barragem havia rompido e que um rio de lama se aproximava. Não deu tempo. E aquilo me frustrava demais.

– Farah, precisamos pousar.

– Ok –respondi ainda inconformado.

Quando estávamos aproximando do local do pouso, ouvi o Menon.

– Tem um cachorro ali.

– Cacá, vira que eu vou descer – pedi ao piloto.

Ele fez um giro e se aproximou do cachorro com muita habilidade. Ele não estava preso e mesmo com a proximidade do barulho do helicóptero, não se assustou, nem saiu dali. Eu desci no esqui da aeronave e pulei no que restava de um telhado. O helicóptero se afastou para não espalhar muita poeira e lama. O cachorro continuava latindo muito e quando olhei na direção para onde ele latia tinha um senhor atolado na lama.

Pulei para ir até ele. Ali percebi que a lama ainda estava muito fluída, como se fosse uma areia movediça, e isso dificultava mais qualquer tentativa de locomoção naquele lamaçal. Consegui chegar perto daquele senhor e deitei meu corpo, tentando ensinar para ele a técnica de saída, assim como treinávamos lá na Piscina da Peppa. Com a ajuda de um caibro, mostrei como levantar a perna e fazer força com o braço, como se fosse rastejar. Depois de algum esforço, ele começou a se movimentar e conseguimos chegar até a margem onde estava seu cachorro.

– O senhor tá bem? Acha que precisa ir pro hospital? – eu o coloquei sentado e vi que estava bem, mas fiz a pergunta, pois sabia que seria uma manobra bem complicada para o embarque deles na aeronave.

– Eu tô bem, sim. Estava tentando salvar meu cachorro e acabei ficando preso na lama.

– Então vou pedir para alguém vir até aqui por terra pegar vocês.

Após ele concordar, saí debaixo da árvore e voltei para onde a aeronave pudesse me resgatar. Fiz um sinal para se aproximar e subi no helicóptero.

– Cadê o cachorro? – perguntou o Menon.

– Tá com o dono. Vocês encontraram alguém?

- Ninguém.

Olhei para o relógio, já passava das 16h e logo mais iria escurecer.

– Marca esse local e solicita um resgate para esse senhor. E pode deixar a gente no Posto de Comando, Cacá.

– Beleza.

No caminho passamos ao lado de uma outra barragem que ainda estava de pé e vi que a lama tinha atingido o dreno de fundo, onde o excesso de água sai como uma forma de aliviar a "pressão" de dentro da barragem.

– Cacá, antes passa mais perto daquela barragem.

Ele abaixou a aeronave e pude confirmar. O rejeito parecia ter tampado o dreno de fundo da barragem e isso a colocava em risco. Além disso, o rejeito que rompeu a "parede" do barramento poderia ter desestabilizado a estrutura.

– Cacá, vamos pro Posto de Comando agora.

NÃO HÁ SINO

O helicóptero se aproximou do local onde já haviam montado o Posto de Comando e do alto vi uma confusão de pessoas ali.

Cacá pousou e desligou o motor. Contei outras quatro aeronaves no local. Passei o alambrado e as pessoas olhavam assustadas para nós. Vários repórteres estavam por lá com o microfone para pedir informações. Sei que estavam fazendo o trabalho deles, mas eu ainda não tinha muito que pudesse compartilhar com eles para ajudar.

Acelerei o passo e fui em direção a uma casa, onde vários militares estavam, inclusive alguns do nosso batalhão da Companhia de Busca e Salvamento. Estava um pouco mais difícil distinguir, pois a farda de todos os bombeiros do estado de Minas Gerais agora era laranja.

Com muito custo nós havíamos conseguido aprovar a mudança do fardamento para o batalhão especializado. No início alguns torciam o nariz, achando que fazíamos aquilo para aparecer, como se uma cor diferente significasse que éramos melhores.

Insistimos na mudança por uma questão técnica. Laranja é uma cor de alta visibilidade. Por isso os cones de sinalização e a caixa-preta do avião são laranjas. Isso confere maior segurança em qualquer operação, pois é muito mais fácil uma aeronave nos identificar no meio da mata com uma farda laranja do que com uma cinza. Na Polícia Militar alguns grupos especializados adotam o preto ou o camuflado urbano para se destacar dos demais e os miliares do exército se diferenciam pelas cores de suas boinas. Como disse, não é que uns sejam melhores que os outros, mas existe uma razão para facilitar a separação das equipes, pois algumas possuem recursos, treinamentos, métodos e até missões específicas.

Quando me disseram que todos os bombeiros de Minas Gerais passariam a usar laranja, eu vi uma grande vitória. Em 2011, quando tentamos colocar joelheira nas calças também fomos muito criticados, mas conseguimos por ser uma proteção para os militares. E em 2014, propusemos o fardamento alaranjado, justificando-o como um Equipamento de Proteção Individual (EPI).

— Menon, amanhã você vai comigo numa reunião. Vamos apresentar o projeto da farda laranja.

— Sério? E pra que o senhor precisa de mim lá?

— Você vai usar a farda laranja.

— Eu?

— Lógico. Se eu aparecer lá assim, é bem capaz eu tomar uma cadeia antes de conseguir apresentar a proposta pro comandante-geral.

— Ah, tá! Eu posso tomar cadeia e o senhor não?

— Quer que eu escolha outro?

– Me dá logo essa farda. Pelo menos eu vou ser o primeiro militar de Minas Gerais a ter usado a farda laranja.

No dia seguinte, o tenente-coronel Ramos, comandante do nosso batalhão na época, eu e o cabo Menon devidamente vestido de farda laranja fomos ao encontro do comandante-geral da corporação. Fizemos uma apresentação com várias fotos e análises técnicas até de espectro luminoso. No final, saímos com autorização de uso.

No dia 8 de dezembro de 2014 a primeira guarnição do Corpo de Bombeiro Militar de Minas Gerais vestiu laranja. Guardo com felicidade a foto do sargento Ferreira, sargento Magela, soldado Henrique, soldado Magalhães e cabo Carolina vestindo a farda laranja que nos dá muito orgulho e tem nos ajudado bastante.

Mas sempre surgem histórias sobre a origem dessa farda. O cabo Menon me manda uma mensagem indignado, afinal foi ele que correu risco de ficar uns dias na cadeia. E eu sempre respondo assim:

– A mentira sempre vai precisar do mentiroso para continuar existindo. E enquanto alguém estiver gastando tempo em manter essa mentira viva, nós vamos estar de farda laranja salvando vidas.

Ao chegar no Posto de Comando a minha cabeça estava a mil, pois eu já tinha várias tarefas em mente, mas precisava saber se boa parte de minha equipe estava lá para agir imediatamente.

Ao chegar mais próximo comecei a ouvir a voz do Gil e do Tiago Costa, e aquilo era reconfortante.

– Capitão, graças a Deus, o senhor está aqui – falou o Tiago Costa, vindo em minha direção e fazendo continência.

Era a primeira vez que todos ali me viam como capitão, fardado, apesar de eu não estar com minhas insígnias por estar de férias e ter saído de casa correndo.

– E aí, Tiago? Fala, pessoal.

Todos se aproximaram e dei um abraço em cada um. Senti um alívio ao ver minha tropa; era uma certeza que novamente poderíamos fazer o máximo que fosse possível naquela situação.

– Capitão, pediram para eu aguardar aqui. Eles estão esperando o senhor lá dentro.

– Aguardar? Temos que ir pra campo e fazer resgate.

– Ainda tem gente viva!

Quando o cabo Vinícius disse aquilo me trouxe um novo ânimo. Ele complementou:

– Nós tiramos algumas pessoas que estavam isoladas na lama perto dos vagões.

– Tiago, embarca o pessoal na aeronave e volta pra lá.

– Mas mandaram a gente aguardar aqui, capitão.

– Irmão, se preferir pode aguardar aqui, mas coloca nossa equipe na aeronave.

– Farah, estão te chamando na sala.

Já tinham me visto também.

– Já tô indo – respondi sem nem olhar quem havia me chamado e voltei ao Tiago. – Entendeu? Coloca o BEMAD no terreno. Eu me viro depois.

Dei as costas e vi o Tiago iniciando a missão.

Assim que entrei no Posto de Comando me apresentei.

– Pronto, senhor! Capitão Farah!

O coronel que estava no comando da operação me olhou meio estranho. Eu estava cabeludo, sem divisas, com uma farda surrada e já todo sujo de lama, mas era o único ali com especialização na área e mestrado em engenharia geotécnica, podendo conversar de "igual para igual" com os engenheiros da empresa.

– Farah, estamos fazendo o planejamento das ações juntamente com os responsáveis pela empresa.

O coronel pediu para todos se sentarem. Eu olhei para o Tiago do lado de fora e fiz sinal com as mãos para ele agilizar a saída das equipes.

Então começou uma apresentação. Nessa hora minha atenção fugiu e eu ficava pensando: "Não é possível que esse povo vai ficar se apresentando e o mundo acabando lá fora". Então, comecei a olhar de um lado para o outro, procurando um mapa, mas não achava nenhum e no meio de apresentação de alguém, que com certeza era meu superior, perguntei:

– Alguém tem um mapa do local?

Os olhares se voltaram pra mim e um senhor mais velho veio em minha direção trazendo um mapa.

– Onde é a barragem que rompeu? – perguntei.

– Está aqui, capitão – apontou aquele senhor.

– Ok. Precisamos saber onde são as estruturas a jusante da barragem e quantas pessoas mais ou menos havia em cada uma delas. Precisamos da lista de pessoas que estavam trabalhando aqui no momento do rompimento. Quero ir com um geotécnico da empresa até a barragem que está com dreno de fundo tampado para saber se podemos continuar as buscas ou se ela oferece algum risco de romper. Precisamos de....

– Farah, aguarda um momento lá fora pra gente conversar. Por favor, podem continuar a reunião, que eu já retorno.

Pronto! Ferro! Minha cabeça estava explodindo e eu não havia me tocado que tinha um coronel, um tenente-coronel, três majores e eu já estava enchendo todo mundo.

– Olha aqui, garoto, eu estou conduzindo a reunião. Se você quer dar uma opinião ela será bem-vinda. Mas eu tenho que decidir. A responsabilidade é minha. Entendeu?

O coronel tinha toda razão. Se eu estava querendo fazer algo certo ou errado, ele era a maior autoridade ali e o responsável que deveria decidir as ações que seriam tomadas. A urgência da situação e a frustração de ainda não ter visto pessoas com vida havia me deixado ansioso para tentar resolver aquilo o mais rápido possível e me faz esquecer os procedimentos que era preciso adotar e que fazem funcionar a estrutura militar, principalmente em um momento de crise como aquele.

– Sim, senhor comandante. Me desculpe. Eu estou preocupado com a barragem que está com o dreno de fundo tampado. É como se fosse uma panela de pressão sem a válvula. Pode explodir a qualquer momento.

– Ok, entendi. Você quer ir lá junto com o engenheiro para avaliar?

– Se possível, gostaria sim senhor.

– Tudo bem. Pode ir. E assim que terminar de avaliar, nos informe aqui no Posto de Comando.

Pedi licença e saí dali imediatamente perguntando quem era o geotécnico que iria me acompanhar. Um homem se apresentou, puxei ele para não dar tempo de alguém mudar de ideia. Ao sair daquele lugar, encontrei o Tiago com mais alguns bombeiros.

— Tiago, eu vou embarcar no Carcará para avaliar a outra barragem com esse guerreiro aqui. Pode pegar outra aeronave pra mapear o local. Depois a gente se reúne aqui novamente, ok?

— Beleza, capitão.

Estávamos chegando próximo ao campo de futebol quando vi o comandante-geral dos Bombeiros de Minas Gerais, o coronel Estevo, indo em direção ao Posto de Comando.

Cheguei próximo a ele e prestei continência.

— Farah, como está seu pé?

O coronel Estevo é um ser humano incrível e um militar extremamente cordial e sensato, merecedor do cargo que acabava de ocupar como comandante-geral do Corpo de Bombeiros. Ele contava com a confiança de todo estado e de mais de 8 mil militares que estavam sob seu comando. Eu o conheci quando foi meu instrutor de Defesa Civil no Curso de Formação dos Oficiais. Na época, ele ainda era major. Também me ajudou muito na minha ida para fazer pós-graduação no Japão, quando pude trazer vários conhecimentos para minha carreira e para a corporação. Eu já havia participado de diversas comissões e trabalhos nos quais ele estava à frente. O coronel possui um vasto conhecimento na área de gestão de desastre e de gestão de pessoas, sendo um verdadeiro exemplo de liderança pra mim, principalmente por sempre estar disponível para ouvir.

Durante as minhas férias no final de 2018, após minha promoção a capitão, ele me chamou no seu gabinete para conversar sobre minha futura permanência no batalhão.

— E aí, Farah? Vai querer permanecer no BEMAD?

— Bom, comandante, se depender de mim, eu quero permanecer.

— Você já deve saber que algumas pessoas pensam que você tem muito a contribuir na academia de bombeiros. E tem outras pessoas...

— Que não gostam de mim.

— Não dá pra agradar todo mundo, Farah. Mas você tem que pensar que as vezes é melhor evitar estresse.

— Comandante, por mim eu ficava no batalhão operacional pra sempre.

– Não duvido. Bom, se você quer permanecer, vou sugerir sua permanência, mas lembrando que irei respeitar qualquer decisão do comando do seu batalhão.

– Sim, senhor. Mais uma vez, obrigado, comandante.

Saí de lá já pressentindo que seria um ano diferente, pois minha promoção para capitão poderia acabar sendo uma justificativa para me levar para outra função. Mas de certa forma, aquela conversa com o coronel Estevo me deixou tranquilo, pois eu sabia que ele estava acompanhando todos os movimentos e como bom líder faria o que fosse melhor para mim e para a corporação.

– Comandante, meu pé está quase bom. Eu tô indo fazer uma vistoria na outra barragem. – respondi ao coronel Estevo.

– OK. Tem muitos desaparecidos?

– Comandante, se for como imagino...

– Mais que Mariana?

– Sim, senhor. Muito mais.

– OK. Pode ir. Mas vamos precisar de você aqui.

– Sim, senhor!

De longe avistei o Cacá e fiz o movimento circular com a mão para o alto, sinalizando que era para ele ligar a aeronave, pois íamos decolar.

– Já voou de helicóptero, engenheiro?

– Não... não senhor...

– Relaxa. Vai no banco do meio e não encosta em nada, principalmente no piloto. Se der enjoo, vomita dentro da blusa. Nós vamos voar de porta aberta e se você vomitar em cima de mim eu juro que te jogo lá de cima. Entendeu? – assim eu passei para ele as instruções básicas para o primeiro voo de helicóptero.

– Tá bom.

Coloquei o engenheiro no banco do meio, afivelei o cinto dele e lhe passei o fone. Expliquei como fazer pra não deixar o barulho do vento interferir na comunicação, mas acho que ele não entendeu nada, então decolamos.

Eu adoro voar de helicóptero. Acho fantástico poder voar para salvar vidas. Até gostaria de ser observador aéreo, aquele que fica com metade do corpo para fora da aeronave para identificar situações de emergência. Já para ser piloto, não tenho coordenação motora para tantos pedais e comandos.

Embarcamos no Carcará e já dava para ver o pânico na cara do engenheiro.

– Cacá, o doutor aqui já está produzindo uma golfada, mas não se preocupa, já orientei ele. Vai em direção aquela última barragem que fomos pra mostrar o dreno pra ele.

A barragem não ficava longe dali e isso poderia ser um problema, pois se houvesse um rompimento nosso Posto de Comando estava comprometido.

– Senhor, vou precisar do *Dam Break* dessa barragem pra saber se compromete nosso Posto de Comando, ok?

Dam Break é um estudo que avalia os potenciais impactos da ruptura de uma barragem.

Silêncio. Acho que ele até tentou falar algo, mas não consegui ouvi-lo naquelas condições. Deveria estar em pânico com tudo que havia acontecido e por estar dentro de um helicóptero com a porta aberta.

Começamos a sobrevoar a barragem e pedi ao Cacá para descer bem próximo da base para que o engenheiro pudesse ver os drenos bem de perto. Já que era o primeiro voo dele, acredito que nunca tenha visto a barragem daquele ponto de vista.

Os drenos realmente estavam tampados, mas eu precisava que o engenheiro da empresa atestasse isso. Apontei o local e pela cara que ele fez, parece ter ficado preocupado. Fez um joia com a mão, sinalizando que já havia visto o que precisava.

– OK. Cacá, vamos deixar o doutor e fazer mais buscas.

– Beleza.

Retornamos e desembarquei o engenheiro. Depois de nos afastarmos um pouco da aeronave eu disse para ele:

– Avisa no Posto de Comando o cenário que vimos na barragem. Nós vamos aproveitar a claridade para fazer mais buscas. Vou precisar do *Dam Break*. Pode ir – gritei devido ao barulho do helicóptero e ajudei com o braço para indicar o caminho, tirando o engenheiro debaixo das pás da aeronave.

Assim que retornei para dentro da aeronave, percebi o engenheiro voltando em direção ao rotor de cauda, sem perceber a hélice. Tive que dar um salto para ele não virar picadinho. Caí no chão rolando e ele não entendeu nada. Eu apontei para a cauda do helicóptero e só aí ele entendeu que quase morreu.

— O que foi? – perguntei para ele.

— Não tô conseguindo lembrar o que o senhor pediu.

— Só fala da barragem – respondi, dessa vez levando-o para longe da aeronave.

Embarquei novamente e pedi desculpa ao piloto. Erro meu.

Assim que decolamos dava para ver que a multidão de pessoas aumentava. Já nos aproximávamos do pôr do sol e não teríamos muito tempo para fazer as buscas com as aeronaves, pois os fios de alta tensão se tornavam imperceptíveis, além de outras dificuldades de voar e identificar pessoas naquelas condições.

Seguimos num voo baixo e agora começamos a ver várias pessoas que acenavam ao longo da margem daquele rio de lama. Em um local vi um senhor com algumas crianças. O helicóptero baixou e eu desembarquei.

— O senhor está bem?

— Tô sim.

— Tem alguém machucado aqui? Alguém desaparecido?

— Tem não, mas a lama tomou conta de tudo, levou meu carro, não tem como sair daqui.

— Olha, não tem como a gente levar todos na aeronave. Estamos priorizando as pessoas que possam estar feridas, machucadas ou que ainda estão presas na lama.

Ele apontou um local um pouco mais à frente, no meio da lama. Não consegui perceber, pois estava levantando muita poeira. Fiz um gesto para o Cacá afastar um pouco a aeronave, cheguei mais perto e vi. Era uma pessoa. Ela estava quase que totalmente soterrada.

Sai correndo e pulei na lama, mas meu corpo afundou até a metade. Tentei rastejar e continuei me mexendo até chegar próximo da vítima.

Comecei a escavar com a mão mesmo, mas a lama estava muito fluida, ainda líquida, e à medida que eu escavava, a lama retornava.

Olhei para ver se conseguia algo e vi aquele senhor na margem balançando a cabeça negativamente. Eu entendi o que ele queria me dizer. Não adiantava mais.

– Já está aí há muito tempo.

Eu continuei a cavar. Quanto mais eu cavava, a lama voltava. Eu não podia fazer nada. Foi uma das sensações mais frustrantes que senti na minha vida.

Por tudo que estava vendo em Brumadinho durante os voos, pelas características da região e pelo estado daquela lama, já dava para imaginar que seria muito difícil. E o senhor me lembrou:

– Bombeiro, tinha gente demais trabalhando aqui.

Então eu parei, pois não conseguiria retirar sozinho aquela pessoa naquele momento e deveria haver muitas outras naquela mesma situação. Voltei até a margem onde estava aquele senhor e avisei.

– Senhor, vou pedir uma equipe pra vir até aqui buscarem vocês e também resgatarem aquela vítima.

Fiz sinal para o helicóptero descer. Subi, coloquei os fones e pedi para o piloto:

– Cacá, marca no GPS e passa essa coordenada pelo rádio.

– Vítima, Farah?

– É. Mas eu não consegui. Pede uma equipe do BEMAD aqui.

Era difícil demais acreditar naquilo. Eu não consegui fazer nada por ela, nem mesmo para levar uma resposta para sua família. Esse sentimento de impotência é terrível para quem treina, estuda e dedica sua vida para isso. E pior, eu ainda não sabia quantas pessoas estariam na mesma condição.

Fixei meu olhar na lama, enquanto o helicóptero se distanciava dali, fazendo um pairado, mas não víamos qualquer outro sinal, nem de vida, nem de socorro. A luz do sol batia na lama que refletia como um espelho. Coloquei os óculos, mas não adiantou. Eu ficava repetindo na minha mente a frase da oração do nosso curso:

"Guie meus olhos para que eu possa ver. Guie meus olhos para que eu possa ver"

Mas eu não via nada.

Um pouco mais adiante, avistamos mais pessoas na margem, próximo de uma casa. Fiz mais um desembarque e assim que me aproximei vi uma mulher aos prantos:

– Alguém ferido?

– Não. Mas o meu marido estava na empresa na hora do acidente e eu não consigo falar com ele.

– Vocês conseguem sair daqui?

– Não, a estrada está bloqueada. Eu não tenho carro e estou com as crianças.

– Ok, vou mandar uma equipe aqui pra pegar vocês. Vocês têm que esperar.

– E meu marido?

E agora? O que dizer nesse momento?

– Vamos encontrá-lo A comunicação está ruim e nós estamos fazendo as buscas. O importante é a senhora e as crianças manterem a calma e saírem daqui, assim que equipe chegar.

Fiz sinal novamente e o helicóptero se aproximou.

– Outra vítima?

- O marido está desaparecido. Mas pede uma equipe para vir resgatar a família. Eles não conseguem sair.

– QSL[3].

– Cacá, vai ter muita gente isolada. Vamos sobrevoar a área e marcar no GPS todos que ainda estão isolados e que precisam de ajuda para sair, assim conseguimos direcionar as equipes de resgates. Se encontrarmos feridos ou algum sinal de vida na lama, pousamos.

– Copiado.

Ao longo do caminho nós começamos a encontrar várias pessoas isoladas. Não tivemos condições de descer em cada ponto, mas dava para ver a tristeza nos rostos.

– Cacá, sobe mais pra vermos se a estrada está interrompida.

---

3 QSL: entendido

À medida que o helicóptero subia eu consegui ter uma maior noção daquele desastre. A lama tinha atingido os dois lados da estrada, deixou vários sítios isolados e ruas interrompidas. As casas estavam sem energia e muito provavelmente sem água.

– Cacá, vamos voltar. Tem muita gente isolada e a outra barragem está em risco.

Se aquela outra barragem rompesse provavelmente pegaria muitas daquelas pessoas que não estavam conseguindo sair. Foi o mesmo problema que encontramos na primeira noite em Bento Rodrigues, em Mariana. O risco de rompimento de outra barragem era iminente e passamos a madrugada com quinhentos moradores tentando abrir uma rota de fuga. Então, também precisávamos tirar logo aquelas pessoas que tinham conseguido escapar para as margens. Já havíamos enviado nossas equipes para fazer buscas e com certeza elas saberiam como retirar aquelas famílias do caminho da lama.

Voamos em direção ao Posto de Comando e de longe eu não via mais nenhuma aeronave pousada ali. Achei estranho. Logo em seguida recebi um aviso no rádio.

– Farah, pediram para todos irem para a faculdade de Brumadinho. Mudaram o Posto de Comando lá.

Eu já tive essa experiência em Mariana, quando resolveram montar o Posto de Comando na base da empresa, que ficava mais distante das áreas de intervenção. A minha equipe permaneceu em uma das casas que restou de pé em Bento Rodrigues quando chegamos lá na primeira noite, enquanto tentávamos encontrar uma rota de fuga para os moradores. As equipes que chegaram depois acabaram ficando nessa base, que foi montada na sede da empresa.

Isso gerou um desgaste gigantesco. Quem estava baseado na empresa precisava acordar muito mais cedo, colocar a farda para formação, tomar café da manhã, vestir os equipamentos e só depois seguiam pela estrada até a área de intervenção. Todo esse ritual demorava quase duas horas. Ao final do turno os militares tinham que retornar por todo o trajeto, tomar banho, se alimentar, receber as instruções e só depois conseguir dormir, perdendo um tempo sagrado de descanso. Esse é um fator fundamental para atuar com eficiência em situações que demandam muito esforço. Uma noite mal dormida deixa o raciocínio mais lento, que pode gerar algum acidente.

Só que essa divergência entre as tropas gerou divergência e uma das tropas questionou o capitão da época, querendo saber por que não poderiam dormir no mesmo local que a nossa tropa. Com isso, um dia após nossa reunião ele determinou que subíssemos minha tropa.

— Tenente Farah, manda sua tropa subir para o Posto de Comando para não ter tratamento diferenciado.

— Capitão, pelo que entendi a outra tropa prefere descer pra base em Bento Rodrigues pra conseguir descansar um pouco mais.

— Aqui têm comida feita na hora, banho quente, dormem em um alojamento em condições muito melhores do que você está submetendo sua tropa.

— Senhor, eu já perguntei para a minha tropa se eles preferem subir e eles mesmos preferem ficar. Talvez se o senhor perguntar para outra tropa se ela prefere...

— Isso é uma ordem — falou gritando com o dedo em riste, batendo no meu peito.

Ele não tinha direito de encostar em mim. O outro tenente que estava comigo tomou posição de sentido na hora, eu não. Quando ele percebeu, rapidamente entrou na minha frente para que eu não fizesse besteira. Mesmo depois do que fizemos na primeira noite, ainda estávamos no meio de uma operação muito difícil. Então eu apenas respondi:

— Sim, senhor! Será feito como o senhor determina.

Voltamos para nossa base num silêncio total dentro da viatura. Chegando lá, tivemos que acordar todos que já estavam dormindo.

— Senhores, recebemos determinação pra pernoitar na base.

— Só hoje? — perguntou o Ferreira.

— A princípio todos os dias.

— Mas tem algum motivo específico, tenente Farah? — perguntou Denílson.

Ele me conhecia bem e sabia que eu não deveria estar concordando com aquela situação.

– Seguinte, vamos pernoitar lá hoje e amanhã vocês ficam aqui. Pode ser?

– Sim, senhor! – responderam em coro.

– Peguem só o necessário. Vou deixar três militares aqui pra cuidar das coisas e não tomar mais muito tempo.

– Senhor, sou voluntário – falou Ferreira. - E o Magal é meu imediato, então vai ficar comigo aqui.

– Ele pode até ser o seu imediato, sargento, mas eu sou mais antigo, mais forte e mais mal- humorado que ele. Vou ficar também, tá? – falou o sargento Gil com aquela voz estridente dele e cara de poucos amigos, conseguindo me fazer sorrir.

– OK. O restante sobe. Amanhã voltamos. Sentido, fora de forma! Marche!

– Tenente, o senhor é doido? O capitão mandou todo mundo ir pra base.

– Amanhã eu resolvo – respondi sem saber ainda o que faria, mas faria algo.

Já no Posto de Comando, logo pela manhã esbarrei justamente com o coronel Gualberto, que era o comandante-geral da corporação e que sempre foi muito gentil. Ele se surpreendeu ao me ver ali, perguntou se estava tudo bem e se estávamos precisando de algo. Eu disse que estava tudo caminhando e perguntei se havia algum problema em manter minha tropa no local da intervenção, pois os militares prefeririam e seríamos mais efetivos se ficássemos mais próximo da área de intervenção. Ele não viu qualquer impedimento e autorizou.

Quando o capitão viu a gente descendo novamente com as coisas, veio correndo atrás de mim.

– Por que sua tropa está descendo com todo material?

– O comandante-geral queria saber por que pernoitamos aqui hoje. Eu expliquei que o senhor tava muito preocupado com a gente, mas eu disse minha tropa é muito dorminhoca e que lá eles poderiam descansar melhor. Então ele autorizou o retorno.

– Tenente, isso não vai ficar assim.

— Entendo, senhor! Inclusive eu disse que se ele quisesse pernoitar lá com a gente, minha tropa ficaria muito honrada com a presença do comandante no olho do furacão. Agora, permissão, senhor.

Fiz continência e sai.

Estávamos indo em direção à faculdade, onde estava sendo montado agora o Posto de Comando. Lá havia dois campos de futebol com várias aeronaves pousadas e muitas viaturas também, inclusive do nosso batalhão.

Como assim? Eu havia mandado eles seguirem para os resgates. O que eles faziam ali?

Cacá tocou o solo e cortou o motor da aeronave. Eu tirei o fone, fui correndo em direção à saída do campo de futebol e lá estava o tenente Tiago me esperando.

— Que porra é essa, Tiago? Que vocês estão fazendo aqui? Por que não estão fazendo as buscas?

— Mandaram "todos" virem pra cá.

— Mas tem um monte de gente isolada, sem água, sem energia, no escuro e no meio da lama. Vamos pegar a caminhonete e tirar esse povo de lá.

— O coronel que está comando pediu para o senhor ir pra sala de reunião agora.

Não adiantava eu ficar reclamando. Agora era capitão e nem estava me tocando disso. Antes de ir ao Posto de Comando, chamei o Tiago e o levei até a nossa viatura. Abri o porta-luvas, onde sempre tinha papéis, nem que fossem guardanapos que os bombeiros usavam para algum lanche rápido. Pedi uma caneta para ele e desenhei, como se fosse um rio, duas margens e casas aleatórias nas margens.

— Divide a equipe e pega o máximo de caminhonetes possíveis. Coloca dois bombeiros em cada caminhonete com equipamentos para tirar lama e retirar as pessoas. Margem esquerda e margem direita. A outra barragem tem risco e se ela romper essas pessoas não tem nem como sair.

— Pode deixar, capitão. Mas é melhor o senhor ir logo pra sala de reunião porque o governador está vindo pra cá.

O desastre em Brumadinho aconteceu nos primeiros dias de um novo governo em Minas Gerais, que consequentemente também havia acabado de implementar um novo comando no Corpo de Bombeiros e na Polícia Militar. Logo no primeiro mês todos já estavam enfrentando esse grande desafio. Por mais que a situação envolvesse questões técnicas, sabíamos que questões políticas poderiam fazer parte daquele acontecimento. Pelas circunstâncias, sabíamos que o governador confiaria o trabalho todo ao comandante-geral dos Bombeiros e se dependesse do coronel Estevo, essa seria mais uma missão cumprida.

— Tô indo pra lá. Deixa só um motorista aqui pra mim, porque assim que der uma brecha eu vou pra campo também.

— OK. O Denílson está aqui e vou pedir pra ele ficar.

Por causa de toda aquela correria inicial, eu ainda não tinha encontrado muitas pessoas do BEMAD ali em Brumadinho, nem mesmo o tenente-coronel Ângelo.

Peguei minha mochila e entrei na faculdade. Havia gente demais, acredito que muitos sem permissão alguma. E dava para perceber que ainda estavam tentando entender a real situação.

Cheguei próximo de uma guarnição da Polícia Militar e disse:

— Boa noite, senhores. Preciso que tirem daqui todo mundo que não for bombeiro, policial ou agente da Defesa Civil. Se o dono da faculdade não tiver uma identificação, pode tirar também. Pode pedir pra aguardarem do lado de fora do portão.

— Sim, senhor — respondeu-me o sargento da polícia.

— Vocês sabem informar onde é a sala que os comandantes estão reunidos?

— Logo ali, naquela sala à esquerda.

Fui rapidamente em direção à sala e tentei abrir a porta, mas parecia que tinha alguém obstruindo. Uma pessoa atrás da porta perguntou:

— Pois não?

— Sou o capitão Farah. Me chamaram aqui.

— Sim, capitão. Pode entrar.

Assim que entrei vi o tenente Firme vestido com um colete da Defesa Civil. Ele fez continência e eu o correspondi com um abraço. Firme era meu afilhado de bombeiro. Nós temos esse hábito de escolher alguém pra ser seu "apadrinhado". No meu caso, a única vantagem de eu ser padrinho era estar comigo nas missões.

– O comandante está te esperando.

Firme apontou para o canto da mesa e lá estava o tenente-coronel Ângelo, que levantou a mão sinalizando para que eu me sentasse próximo dele.

– Fala, Farah! O que você já sabe, irmão?

– Comandante, ainda tem gente demais nas margens e eles não tem como sair. Eu estava tentando tirar algumas pessoas e fui verificar o estado da outra barragem.

– Algumas de nossas equipes já conseguiram auxiliar com um caminhão e caminhonetes no resgate de pessoas que estavam nas estradas e sem condição de locomover.

– Precisamos fazer uma lista – disse um dos oficiais.

– Acredito que prioridade agora não seja uma lista, senhor. Temos que tirar todas essas pessoas das áreas de risco. A respeito da outra barragem, ela corre risco. Os drenos de fundo estão tampados. Preciso de mais informações para fazer uma análise melhor.

Peguei uma folha de papel e fiz o mesmo desenho que havia feito para o Tiago.

– Já fizemos a identificação de diversos pontos onde há muitas pessoas nas margens. Elas estão em risco imediato, pois a outra barragem tem risco de rompimento. Precisamos tirar todas de lá o mais rápido possível. Não tem como ir de aeronave, pois em muitos pontos não há locais para pouso. Então, tem que ser via terrestre. Enquanto isso, vamos em busca de uma dimensão mais precisa sobre os desaparecidos.

– Você consegue coordenar isso? – perguntou o tenente-coronel Ângelo.

– Comandante, eu já mandei as equipes da Companhia de Busca e Salvamento pra fazer a retirada das pessoas das margens.

– Mas a ordem era pra todos ficarem aqui – disse o mesmo oficial.

– Está certo. Se essa outra barragem romper as pessoas que estão nessas áreas de risco não vão ter como escapar - disse o tenente-coronel Ângelo.

– Exatamente, senhor. Caso o senhor queira vou pra lá coordenar...

– Atenção!

Uma voz alta invadiu o recinto.

– Anuncio a presença do senhor governador do estado de Minas Gerais.

Todos os militares se levantaram como manda o protocolo, durinho, imóvel enquanto ele entrava na sala. Deveria ser o primeiro encontro do novo governador com tantos militares juntos. Então o comandante-geral da Polícia Militar fez o sinal para que todos se sentassem e disse:

– Por favor, permaneçam na sala somente os oficiais superiores.

Antes que eu saísse, o tenente-coronel Ângelo me puxou pelo braço e disse:

– Aguarda aí fora. Vai traçando um planejamento pra amanhã de manhã. Não vai para o campo de buscas, porque eu preciso de você aqui.

Balancei a cabeça positivamente. Apesar de querer ir para o campo de buscas, agora fazia parte da minha função de capitão assessorar os comandantes.

Quando eu estava próximo da porta o coronel Estevo me disse:

– Farah, sei do sacrifício que está fazendo de estar aqui com o pé quebrado e te agradeço por isso. Sei que posso contar com você e vamos precisar do seu conhecimento para nos ajudar nessa missão.

Novamente balancei a cabeça em sinal positivo e compreendi que, mesmo se não estivesse fazendo as buscas, eu poderia colaborar com aquela missão.

Fiquei próximo da sala de reunião e uma quantidade imensa de pessoas se acumulava nas proximidades, onde os policiais já haviam conseguido fazer um corredor de isolamento. Dentro da faculdade estavam bombeiros, policiais, agentes da Defesa Civil, algumas pessoas de branco, que eu deduzi serem médicos e enfermeiros, além de pessoas da faculdade. Em pouco tempo notei que muitas providências já estavam sendo tomadas diante daquele desastre. O governo dava início a uma força-tarefa e montava um gabinete de crise. A rodovia estadual foi interditada, a Defesa Civil auxiliava na retirada das famílias, hospitais locais começavam a se preparar para receber feridos, representantes da empresa mineradora estavam presentes para prestar esclarecimentos, apoio e recursos, além de outras instituições que já se movimentavam para colaborar. Essa atuação imediata e coordenada seria fundamental para minimizar perdas, apesar daquela tragédia já ter nos revelado que seria uma longa e triste jornada.

– Que loucura, capitão! – comentou o tenente Firme.

– Nossa, Firmão, eu não imaginava que vivenciaria isso de novo! Tenso demais. Ainda bem que estamos aqui. Eu vou precisar muito da sua ajuda. Lembra de Mariana? Aqui vai ter mais pessoas desaparecidas.

Em Mariana, a lama tinha percorrido mais de seiscentos quilômetros até alcançar o litoral do Espírito Santo e encontrar uma vítima em uma área tão extensa e num terreno tão inóspito, seria um trabalho muito difícil. Então, desenvolvemos uma metodologia de trabalho que permitiu a localização de 18 das 19 vítimas desaparecidas. Tínhamos até noção de onde a última vítima poderia estar, mas precisamos interromper as buscas por considerem ser um local de alto risco. E, como já disse, essa é uma dor que carrego pra sempre comigo.

– Lembro, capitão. Mas agora que tô na Defesa Civil.

Tinha esquecido disso. O tenente Firme tinha acumulado um conhecimento muito grande e agora estava em outra função. Muitas vezes isso nos faz perder um capital intelectual essencial, principalmente em situações como essa em que não há como ensinar alguém como fazer algo durante uma emergência. Mas não adiantava ficar reclamando, pois havia muito trabalho a ser feito.

– É verdade. Mas você vai poder ajudar muito com a lista de desaparecidos. Com certeza o número aqui será bem maior. Creio que há muitas pessoas nas áreas da empresa que ficava muito próxima a barragem, além das casas e sítios.

– Com certeza, capitão. Vamos organizar isso – respondeu o tenente Firme.

Ouvimos um falatório alto na parte externa da faculdade. Fui naquela direção e vi as pessoas chorando e desesperadas. Os policiais estavam tentando acalmá-las, mas elas queriam e precisavam de respostas.

– Calma! Estamos colhendo todas as informações para passar a vocês. – disse um dos policiais.

As luzes de câmeras das equipes de reportagens começaram a se aproximar ad multidão e o tenente Firme disse:

— Capitão, você não vai falar com eles?

— O comandante-geral deve designar alguém só pra isso.

Eu sabia da importância e da necessidade de dizer algo para aquelas pessoas e também para a imprensa, que estava ali para fazer seu trabalho de informar milhares de pessoas preocupadas com aquele desastre que se espalhou pela mídia nacional e internacional com a mesma velocidade da lama. Para isso precisamos agir com muita racionalidade, pois as emoções envolvidas são muitas e é necessário manter o respeito com as vítimas, seus familiares e amigos. Num momento como esse, a comunicação organizada pode ajudar a acalmar sentimentos e reunir o máximo de colaboração. Assim também poderemos coletar informações relevante que nos ajudem a buscar as respostas, que ainda não tínhamos. Para transmitir o que fazíamos no campo de buscas para a mídia, a corporação viria a indicar um companheiro que ficou conhecido do público por nos representar com toda sua calma frente as câmeras, o tenente Aihara.

— Ô, Comando! Pau tá quebrando geral aqui, hein?

Aquela voz era inconfundível. O sargento Ferreira tinha chegado junto com mais uma guarnição.

— Ferreirinha, ainda bem que vocês chegaram. Magelão, Carol... que bom ver vocês.

— Uai, cadê as estrelinhas de capitão, pô? E o pé? Não tava quebrado?

— Ferreira, nem divisa eu tenho ainda. Vim só com a targeta. O pé ainda tá ferrado, mas eu não ia ficar em casa.

— Tinha certeza disso. Trouxe a mochila que o senhor pediu. Fui pro quartel assim que vi a mensagem do senhor e fiquei aguardando uma viatura. Quase usamos o carro da Carol como viatura. Né, Carol?

Carol deu uma um meio sorriso com o canto da boca, retornando rapidamente a sua cara séria e focada na missão. Então ela me perguntou:

— Capitão, como está a situação e o que é pra gente fazer?

— Nossa prioridade agora é retirar as pessoas que ainda estão isoladas dos dois lados das margens do rio. Estão sem água, sem luz, sem comunicação e, assim como aconteceu em Mariana, tem uma outra barragem que está na iminência de romper.

— De novo isso! — comentou o Ferreira.

– Então bora lá comando! – disse Magela.

– Vocês estão com uma viatura, né? Podem ir para as buscas nas margens, mas o ideal é seguir em dupla, pois vão ter que tirar as pessoas de lá nas viaturas. Também preciso que alguém me ajude aqui na base, pra saber que equipe chegou, que viatura saiu, fazer os contatos...

– Já vi que essa parte é comigo, não é? – disse Carol.

– Quem mandou você ser a mais inteligente?

A cabo Carol era formada em matemática, arquitetura e ainda queria fazer física. É absurdamente inteligente, focada e trabalha muito bem com o controle de informações, mantendo-se muito compenetrada e nos ajudando muito com suporte as equipes de campo.

– Beleza, capitão. Eu vou com o Magela.

– OK, Ferreira. Me dá notícias.

Ferreira e Magela saíram, enquanto Carol, Firme e eu nos dirigíamos para a faculdade.

– O senhor tem ideia de quem do batalhão já está aqui, capitão?

– Carol, eu vim de aeronave com Vinicius e Menon, já encontrei o Tiago aqui, mas ainda não sei quem mais já está aqui. Tá um "barata voa" danado.

"Barata voa" é uma expressão que usamos quando as pessoas saem correndo desesperadas quando uma barata entra voando em algum lugar.

– Então vou tentar fazer os contatos com o pessoal do pelotão. Já temos uma base aqui?

– Vamos procurar uma sala pra gente. Firmão, avisa quando a reunião dos comandantes terminar, ok?

– Ok – respondeu o tenente Firme, dirigindo-se para a porta da sala dos comandantes.

Naquela altura já dava para imaginar que seria uma longa jornada para todos nós. Não sabíamos a dimensão exata, nem quantas pessoas poderiam ser salvas ou, infelizmente, resgatadas sob a lama, mas considerando minhas experiências anteriores, o que vi ao sobrevoar toda a extensão dessa tragédia e o estado daquela lama, já dava para saber que aquela operação não teria um dia para acabar. Ou melhor, por conhecer tão bem a corporação a qual me empenho, eu já sabia que acabaria quando todas as pessoas fossem encontradas. Muito possivelmente essa seria a missão mais difícil da carreira da maioria das pessoas que estavam ali.

Para isso, uma das principais funções do comandantes de qualquer equipe, militar ou não, é proporcionar o mínimo de estrutura para que os profissionais possam fazer o seu melhor. Mesmo sabendo que aqueles homens e mulheres poderiam usar apenas as mãos, dormir no meio da lama, dividir um pouco de comida e da água que carregavam, todos dariam o máximo de si. E agora, como capitão, eu estava numa posição que poderia buscar mais recursos para que eles pudessem demonstrar suas capacidades e sua dedicação por essa profissão. O Curso de Operações em Desastres era uma das ferramentas que permitia enfrentar um desafio como aquele que eles estavam encarando na realidade. Chegava a hora de colocar em prática todos os conhecimentos que receberam durante aqueles dias e noites exaustivos de muita pressão, responsabilidade e sentimentos, mas com uma grande diferença dessa vez: não havia sino.

As salas do primeiro andar já estavam todas ocupadas e subimos as escadas para o segundo nível. Vimos uma sala vazia, entramos e já começamos a montar uma área de trabalho com as mesas e cadeiras disponíveis.

– Carol, a gente precisa conseguir alguns lanches para o pessoal, além de um banheiro para banho e colchonetes ou um espaço para eles descansarem. Se tiver dificuldade em conseguir algo, me avisa, ok?

– Pode deixar, capitão.

O tenente Firme surgiu no corredor:

– Capitão, acabou a reunião e o comandante-geral está chamando o senhor.

- Pode ir, capitão. Deixa que eu resolvo – disse a Carol.

Ela me deixou mais seguro para seguir com tudo que precisava ser feito.

A Carol era fenomenal. Toda minha equipe de base era ela. A melhor coisa do mundo é poder trabalhar em um lugar onde você não precisa ficar se preocupando se determinada tarefa demandada vai ser mesmo cumprida. Eu sabia que as pessoas de minha equipe fariam de tudo para cumprí-la, mesmo se eu não estivesse ali, bastavam ter o direcionamento correta e autonomia para que fizessem do melhor jeito.

Por algum tempo fiz as pessoas trabalharem do meu jeito, mas isso limita as maneiras possíveis de cumprir uma missão, inclusive descobrir novas formas de solucioná-las. Então eu aprendi que é melhor falar o que quero e deixar que cumpram da melhor maneira possível, pois cada situação pode apresentar novas variáveis e eles precisam saber como responder, mesmo que eu não possa estar ao lado deles. Isso gera um sentimento de responsabilidade e de pertencimento muito grande. Faço isso principalmente quando a missão é de todos, não apenas de um, e assim todos devem estar imbuídos em cumprí-la.

Durante um período eu tive uma certa dificuldade de trabalhar com pessoas que querem que uma tarefa seja realizada exatamente de sua maneira, sem qualquer explicação diferente de um capricho ou de mostrar quem manda mais, quem tem a maior patente. Mas com o passar do tempo, mais experiência e conhecimento sobre o perfil e a motivação dessas pessoas, fui encontrando uma forma de lidar melhor com isso, entendendo que a missão sempre vai ser maior que o ego de alguém. Nos Bombeiros, o mais importante é que eu podia até não gostar do jeito de alguém, da maneira de comandar ou lidar com uma situação e cada pessoa, mas eu jamais duvidei que todos, do recruta ao comandante-geral, estivessem ali em primeiro lugar para salvar vidas.

Entrei na sala onde agora estavam alguns oficiais do Bombeiros e me aproximei do comandante-geral.

– Farah, vou acompanhar o governador e passei para o Ângelo algumas orientações. O resto é com vocês – disse o coronel Estevo que estava de saída.

– Positivo, comandante!

Prestei continência e fui em direção ao tenente-coronel Ângelo.

– Farah, o comandante-geral determinou segurança acima de tudo. Temos um nível de risco tolerável, mas se vermos que não há possibilidade de resgates, não faz sentido um bombeiro se machucar ou até perder a vida aqui. Não podemos perder mais uma vida aqui. Quais os riscos você já identificou?

– Temos a barragem e várias pessoas ainda estão isoladas na zona quente.

"Zona quente" é como denominamos a área onde aconteceu o fato ou de maior risco em uma operação.

– E o que você sugere?

– Senhor, sugiro que continuemos com o plano de retirada imediata das pessoas que estão nas margens do rio, até que tenhamos o estudo de impactos e o laudo de estabilidade da outra barragem. Por não haver mais condição de voo, temos que ir via terrestre e amanhã no primeiro horário voltamos com as aeronaves, deslocando as guarnições para fazer chamados e buscas com lanternas. O barulho das aeronaves pode ter ocultado algum pedido de socorro. Creio que a retirada dessas pessoas deve levar a noite toda e seguir pela manhã.

– Pra mim parece ótimo – considerou o tenente-coronel Ângelo.

– O senhor não acha que é muito arriscado deixar a tropa fazendo buscas e retirando as pessoas à noite? – perguntou outro oficial que estava na sala.

Eu sabia que alguém poderia trazer uma outra ideia e gostaria de ouvir. O resgate noturno pode ser visto como arriscado, mas é nosso dever enfrentar o risco, considerando todas as medidas de segurança e os treinamentos que nossas equipes fazem exatamente para saber como agir com segurança nesses momentos.

– Senhor, essas pessoas estão isoladas, sem recursos e com medo. Estamos com outra barragem que pode romper e nós não podemos esperar sem fazer nada por elas. Apesar de estarem vivas, ainda estão em risco.

– Concordo que é arriscado, mas vamos prosseguir seu plano, Farah – concordou o tenente-coronel Ângelo.

Não se tratava de qual plano estava certo ou errado, se seria de uma ou de outra pessoa. O único objetivo de todos ali era salvar vidas. Simples assim.

– Senhores, por favor, estão chamando todos os oficiais na sala ao lado – alguém abriu a porta de onde estávamos e nos avisou.

Levantamo-nos e fomos até lá, onde encontrei o comandante do 2º Batalhão, o major Luiz Henrique, um oficial exemplar.

O major Luiz Henrique havia sido meu chefe de curso quando eu era soldado. Tinha a cara fechada, de poucos amigos, mas era um ser humano incrível, sempre disposto a ajudar, ou seja, um bombeiro de verdade. Assim que passei no Curso de Formação de Oficiais, um dia ele me chamou para conversar:

– Bom dia, Farah!

– Bom dia, senhor tenente!

– Vi que você passou. Parabéns. Queria te falar algumas coisas que podem te ajudar muito. Sente-se.

Eu rapidamente obedeci.

– Olha, não tem fórmula mágica de como ser um bom oficial, mas assim como você, eu fui praça antes de ser oficial e o que eu procuro fazer é ser alguém que proporciona os meios ideais para meu time. Você não precisa ser mais bonzinho ou mais malvado. O que você precisa é dar todas as ferramentas para que sua equipe cumpra a missão. Se você se preocupar com isso, com certeza vai fazer uma boa diferença.

Foram poucas palavras, mas que indicam bem qual é o papel de um comandante.

– Boa noite, major Henrique.

– Farah, quanto tempo! Bom te ver aqui. Tô te acompanhando, capitão.

– Pois é, major. Tenho que agradecer quando o senhor fazia a gente pagar muita flexão e missão fora dos horários.

– Deve ser por isso que você ficou bom.

Então o coronel tomou a palavra.

– Senhores, o comandante-geral, coronel Estevo, já foi e me deixou responsável pelo local. Sabemos que outra barragem corre um grande risco e não podemos arriscar a vida dos nossos militares. Portanto, recomendo que todos retornem para as bases de seus batalhões, mantendo apenas uma guarnição mínima aqui em Brumadinho para um eventual atendimento.

Olhei para os outros oficiais que estavam ali e alguns estavam com cara de que concordavam em ir embora e retornar no dia seguinte, mas via que outros não, como eu.

Assim que o coronel saiu da sala, o major Luiz Henrique e o tenente-coronel Ângelo foram atrás dele na tentativa de mudar aquela determinação. Ficamos um tempo na sala, alguns murmurando e eu tentando fazer contato com as equipes em campo, mas sem sucesso, pois a rede de telefonia não deveria estar funcionando na região onde estavam. Então, saí da sala e pedi para alguém me conseguir um rádio.

— Ferreira, está na escuta?

Silêncio.

— QAP, Ferreira?...

— Magela, QAP?...

— Tiago Costa, QAP?...

Nada. O rádio não dava um sinal.

Tentei mudar de faixa e chamá-los, mas ainda sem sucesso. Será que teria acontecido algo com eles?

O tenente-coronel Ângelo e o major Luiz Henrique voltam para a sala e a cara deles não era das melhores.

— QAP, comando!

Era a voz do Ferreira, alta, estridente e inconfundível.

— Ferreira, qual a situação?

— Comando, acabamos de tirar uma senhora que estava numa área isolada com seus filhos. Também estamos levando um cachorro pro Posto de Comando.

Olhei para o tenente-coronel Ângelo e ele balançou a cabeça, dando permissão para eu seguir na conversa. Esse tipo de entrosamento e de autonomia para agir é que permite avançarmos com segurança para aplicar aquilo que conhecemos, treinamos e sabemos que somos capazes de fazer, sem esquecer todas as nossas responsabilidades.

— Ferreira, pode deixar todos aqui na entrada do Posto de Comando. Outra coisa, as equipes estão utilizando as faixas de 1 a 3, então passa o rádio pra faixa 4.

— QSL, senhor!

Assim que passamos para a faixa 4 ele me chamou:

— Na escuta, capitão.

— Ferreira, deixa as pessoas aqui pra atendimento e some de novo pro terreno. Avisa pra nossas equipes fazerem o mesmo. Resgata, traz para cá e volta imediatamente para as buscas. Vou segurar alguns militares do BEMAD aqui para assumirem amanhã no primeiro horário, mas o restante segue em campo até segunda ordem.

— Entendido, capitão.

Voltei para a sala e ouvi uma conversa no meio. O coronel que estava no comando ainda se sentia muito desconfortável com as buscas noturnas, pois o engenheiro da empresa havia alertado sobre o risco da outra barragem romper, e aqueles que ainda estivessem em campo deveriam permanecer ali até o início da manhã. Ele não estava errado sobre o risco, mas agora pelo menos os nossos militares não precisariam retornar para Belo Horizonte e poderíamos ficar ali em Brumadinho, sendo mais rápido empregarmos as equipes no caso de uma nova emergência.

Fazia quase dez horas que as nossas primeiras equipes tinham chegado ali após o rompimento da barragem ocorrido aproximadamente às 12h30. Nesse tempo foi possível retirarmos as centenas de pessoas isoladas e algumas poucas que ainda estavam presas na lama, sem conseguir se locomover, como aquela senhora resgatada pelo subtenente Gualberto num pairado de helicóptero. Também resgatamos alguns animais, pois essa era uma região onde havia muitos sítios. Mas em todos os muitos sobrevoos que fizemos pela extensão da lama e nas incursões das equipes direcionadas para a zona quente, principalmente em estruturas de casas que estavam parcialmente cobertas pela lama e onde poderia haver alguém, infelizmente não conseguíamos mais visualizar pessoas com vida que poderiam estar presas na lama, sem conseguir se locomover.

Por mais que seguíssemos as estatísticas sobre a chance de encontrar pessoas com vida após um desastre, sabíamos que elas são mais baseadas em outros tipos de desastres e que a lama é muito cruel. Então, as buscas noturnas numa área de risco iminente de rompimento de outra barragem poderia ser mesmo mais um problema naquela operação e aquilo era apenas o início de um trabalho de resgate que seria intenso, difícil e muito doloroso.

Assim, as equipes começaram a retornar ao Posto de Comando, inclusive alguns militares do BEMAD. Fui até a área externa para conversar com eles.

— Senhores, podem subir para a sala que conseguimos no segundo andar. Já deve ter lanche e alguns colchões para descansarem um pouco. Nossa chamada será por volta de 3h30 da manhã.

Eles subiram. Já passava de 23h. Como nem todos tinham voltado das buscas ainda, fui até a sala dos comandantes e disse ao tenente-coronel Ângelo:

— Comandante, estamos tentando contato pelo rádio com algumas equipes que ainda estão em campo, mas não respondem. As torres de transmissão e de comunicação foram derrubadas, o sinal está prejudicado. Vamos precisar esperar aqui até eles retornarem pro Posto de Comando.

Ele entendeu o que eu estava querendo dizer e sabia que nossos militares estariam seguros.

— Com certeza, Farah. Não vamos deixar ninguém pra trás. Chegamos juntos e vamos sair juntos. Se eles demorarem, permanecemos e seguimos com as equipes daqui mesmo. Todos concordam?

— Sim, senhor! — respondemos em coro e com satisfação.

Fomos para um canto da sala e ele me pediu:

— Farah, preciso que adiante o planejamento de amanhã. A chamada das equipes será às 4h. Quero todos em campo no primeiro raio de sol. Eu e o major vamos cuidar da logística para que vocês possam focar nas buscas.

— Sim, comandante.

Assim que entrei na nossa sala no segundo andar, vi alguns militares já espalhados, dormindo em colchões no chão. Eles precisavam mesmo descansar. Afinal, nunca se sabe quando o alarme vai tocar.

CAFÉ E FÉ

Como a sala já estava cheia e escura, pois havia se transformado no alojamento deles naquela primeira noite, fui até uma sala ao lado e me sentei. Ainda não fazia ideia por onde começar um planejamento para aquela operação. Peguei meu celular para ver se conseguia acessar alguma informação ou mapas do local, mas a bateria tinha acabado. Não poderia nem mandar uma mensagem para casa. Então fui tentar um carregador que possivelmente não estivesse sendo usado na sala ao lado onde os militares dormiam. Assim que cheguei à porta, lá estava uma senhora observando os bombeiros.

– Coitados. Como eles conseguem dormir desse jeito? – ela comentou quando me viu se aproximar.

– Eles estão bem, senhora. Dessa vez temos até alguns colchões.

– Mas eles vão acordar cheio de dor.

– Esses bombeiros aí treinam pra dormir no relento ou até pra não dormir.

Ela me olhou com uma cara assustada.

– Sei que eles jamais reclamariam do local que conseguimos pra descansar, porque sabem que foi o melhor que conseguimos, mesmo se for pouco para o que eles merecem. E garanto que, independente de qualquer coisa, amanhã eles vão dar o máximo.

– E o senhor não vai dormir, não?

– Agora não. Eles só estão descansando porque sabem que alguém está cuidando de tudo. Amanhã eles vão ter muito pra fazer. Eu posso descansar em outro momento. Tenho que me tornar dispensável para eles.

– Indispensável, né? – falou a senhora achando que eu tinha falado errado.

– Dispensável para eles. Preciso fornecer as informações e as condições. Eu posso até estar lá ao lado para ajudar e dar um pouco de mais confiança para que eles cumpram a missão.

– Agora entendi. E eu posso ajudar de alguma forma?

– Bom, já que a senhora perguntou, a bateria do meu celular acabou e eu preciso de um carregador.

– Qual o nome do senhor?

– Farah. E a senhora?

– É Sonia. Olha só, eu vi que lá na sala da coordenação tem computador, internet, café…

– Café? A senhora já me convenceu. Podia não ter mais nada, mas só de ter café já estava bom pra mim.

Ela sorriu e me mostrou o caminho até a sala no primeiro andar. Eu entrei e não tinha ninguém lá. Fui direto na garrafa térmica, enchi uma xícara e dei um bom gole. Estava morno, mas era café.

– Farah, se quiser eu providencio algo para o senhor comer.

– Obrigado. Agora não precisa. Mas se a senhora conseguir algo para eles comerem quando acordar, vão estar igual a um bando de gafanhotos famintos.

– Pode deixar. Então vou pedir para trazerem mais um café pro senhor.

– Não quero dar trabalho.

– Trabalho nenhum. É o mínimo que podemos fazer para ajudar vocês.

Assim que ela saiu da sala, pluguei meu telefone para carregar, liguei o computador e abri o navegador em busca de um mapa da região. Consegui encontrar no Google Earth, que mostrava como era a área antes da barragem romper. Lá estavam os prédios, sede administrativa, refeitório... Pelo horário que recebemos o chamado era o período de almoço e vários trabalhadores deveriam estar ali. Meu Deus!

Era preciso me concentrar e comecei a fazer uma lista. Eis os tópicos:

- Estabilizar a barragem;
- Busca por pessoas desaparecidas;
- Retirada de pessoas isoladas;
- Lista de pessoas desaparecidas;
- Montagem de Posto Avançado mais próximo da zona quente;
- Controle de efetivo.

– Aí sim! O senhor arrumou até café – o Denílson tinha me encontrado.

– Fala, Denílson. Tá morno, mas é café.

– Já conseguiu até um mapa?

– Sim. A lama atingiu o refeitório e devia ter muitas pessoas ali.

– E o que o senhor pretende fazer?

– Essa outra barragem está com risco e o terreno ainda está muito fluido. A prioridade tem que ser tirar todo mundo do entorno. Se essa barragem romper, aquilo que já está grave, vai ficar muito pior.

– Pelo menos aqui tem pra onde a gente correr, diferente de Mariana.

– Mas se a gente não confirmar a retirada de todos e a outra barragem romper, não vai nem dar tempo de correr. Vamos dividir as equipes nas margens e em pontos distantes, utilizando as aeronaves pra intervenção rápida.

– Vamos ficar baseados aqui?

– Amanhã vou conversar com o tenente-coronel Ângelo pra montarmos um Posto Avançado na Igreja, que fica mais próximo da zona quente e é melhor pra gente administrar o tempo e os recursos.

– Mas lá tem estrutura?

– Nós não precisamos de toda essa estrutura. Fica até melhor para as autoridades se concentrem aqui, enquanto nós fazemos um base operacional mais próximo da intervenção.

Vi o Denílson se acomodando num canto da sala e percebi que ele precisava de um descanso. Então comecei o planejamento com a divisão das equipes, que para mim era uma das partes fundamentais, formando grupos de acordo com cada habilidade. Saber quem vai estar ao lado de quem faz toda diferença em situações como essa.

Com as equipes definidas, comecei a posicioná-las no mapa, conforme as coordenadas de GPS que começamos a fazer nos voos, avaliando a altitude e cada terreno para estimar os riscos no caso do rompimento daquela outra barragem. Para saber desse risco, eu ainda dependia de mais detalhes sobre o volume de rejeito dessa barragem.

Enquanto fazia a navegação pela internet para buscar o máximo de informações, eu me assustei ao ler as notícias que alguns sites publicavam e que apresentavam diferentes números de desaparecidos. Muitas tinham como base o número de trabalhadores da empresa, quase quinhentos funcionários, considerando que a maioria estava em horário de almoço. Além deles, já sabíamos que muitas casas e sítios foram atingidos. Aquele número era assustador, mas eu queria acreditar que muitos conseguiram escapar, pois nossas equipes já haviam localizado centenas de pessoas nas margens.

Então comecei a assistir algumas imagens do desastre que já estavam disponíveis na web. Era impactante e difícil demais me concentrar no que fazer diante desse número e das imagens do desastre. Seria uma responsabilidade gigantesca fazer um planejamento para algo com aquela dimensão.

Por mais que aquele cenário trágico parecesse um roteiro de um filme dramático de ficção, o que me tranquilizava era saber que aqueles militares haviam treinado muito para isso e eu sabia que eles cumpririam a missão. Eles sabiam que havia chegado o momento de enfrentar a realidade que tanto falávamos no curso. Agora era tudo de verdade e começava a nos revelar um número de vítimas bem maior do que qualquer um de nós pensou que precisaria resgatar num desastre. Mas para aqueles que preferem ver um lado positivo, ainda bem que havíamos realizado aquele curso poucas semanas atrás. Isso iria ficar ainda mais claro nos dias seguintes da operação.

Além das nossas equipes dos Bombeiros que estavam em campo ou descansando no segundo andar e aqueles que já atuando pela Polícia Militar e Civil, Defesa Civil, Instituto Médico Legal e representantes dos governo federal, estadual e municipal, fui informado que no dia seguinte começaríamos a receber uma grande quantidade de militares de Minas Gerais e de outros estados, Força Nacional, Exército, Cruz Vermelha e outros recursos que não tivemos tão rápido em situações anteriores, como: equipamentos, aeronaves e viaturas, atendimento médico, estrutura logística, novas tecnologias, muitos voluntários e diversas tipos de ajudas. Isso demonstrava o impacto que a tragédia em Brumadinho causou e a importância dos aprendizados de nossas operações em outros desastres, que agora nos permitiam agir com mais segurança e eficiência. Num primeiro momento cerca de cem militares já estavam ali e em pouco tempo esse número passaria de quatrocentas pessoas envolvidas na operação. Tudo isso requer um planejamento ainda mais cuidadoso, pois o excesso de ajuda quando mal coordenada muitas vezes pode se transformar até num problema.

Comecei a imprimir o mapa. Enquanto a impressora espirrava para fora algumas cópias, eu olhava fixo para o nada, lembrando das imagens da lama varrendo o que encontrava pela frente. Parecia que eu estava sonhando acordado, até que fui interrompido por uma senhora que entrou na sala com uma garrafa de café.

— Aqui é a sala do Farah?

— Boa noite, senhora. Não é minha sala, mas eu sou o Farah.

— Oh, meu filho... pediram pra trazer pro senhor.

— Muito obrigado. Isso vai me ajudar bastante — agradeci para aquela senhora e a gentileza daquelas pessoas que estavam tentando nos dar um pouco de conforto.

— A coisa tá muito feia, né?

Eu pensei um pouco antes de responder, pois não queria e nem precisava colocar mais terror para aquilo que todos ali já estavam vivenciando.

— Olha senhora, eu não sei de muita coisa, mas sei que vamos fazer o máximo para ajudar todo mundo aqui.

— O senhor se importa se eu fizer uma oração?

— Claro que não me importo! Oração nunca é demais, né?

Ela me mandou sentar, colocou a mão na minha cabeça e começou a balbuciar algo incompreensível.

Fechei os olhos e aceitei aquele gesto carinhoso.

Pouco tempo depois ela retirou a mão. E disse:

— São Jorge é o seu guardião. Pede sabedoria a ele todos os dias.

Não era a primeira vez que alguém me falava isso. Uma vez fui em uma ocorrência que uma senhora do nada me parou e me mandou comprar uma estátua de São Jorge para me proteger. E disse mais:

— As pessoas depositam muito peso em você. Precisa tomar cuidado com seus joelhos e tornozelos.

Mal ela sabia que eu já havia quebrado o pé duas vezes. E mal eu sabia que iria me acidentar uma semana depois, rompendo os ligamentos do meu joelho.

Eu a agradeci. Assim que aquela senhora saiu da sala, percebi que estava meio desnorteado ainda. Dei um tapa na minha cara – dei mesmo – para que o pensamento fixasse no que eu precisava fazer. Fui ao banheiro e joguei água no rosto. Eu tinha que planejar aquela operação.

Lembrei que o celular já deveria ter alguma carga. Quando abri o aplicativo de mensagens, eram tantas que eu não conseguia acompanhar. Então fui direto para uma mensagem da minha esposa:

— *Leo, pelo amor de Deus, me dá notícia.*

Apesar do desespero dela, aquilo me tranquilizou, pois pude confirmar que a Renata seguia firme no comando da nossa casa e, apenas se algo fora do controle estivesse acontecendo com ela, com os meninos ou com alguém da família, ela daria um jeito de me avisar. Naquela altura ela e o mundo já sabiam que a barragem em Brumadinho havia mesmo rompido. Sem essa segurança que ela me passa, não seria possível cumprir minha missão. Respondi a ela:

— **Rê, a situação está muito complicada aqui, mas estou bem. Ainda não sei quando volto. Beijo em você e nos meninos. Amo vocês.**

Passei rapidamente para ver se tinha mensagem nova de algum comandante e não achei. Vi algumas imagens que me mandaram com locais importantes da região, como uma usina de tratamento de minério, um local com bastante ferro retorcido que era mais ou menos a área do refeitório e um ônibus, ou melhor, parte dele para fora da lama. Então achei melhor voltar rápido para o planejamento de tudo que precisava ser feito.

Após terminar um esboço, tentei conferir as horas no relógio que estava todo sujo de lama. Passei a farda no visor para limpar e a pulseira arrebentou. Era para ser um relógio indestrutível, só esqueceram que bombeiro é um ser corrosivo. Todo equipamento que dizem ser extremamente resistente deveria passar antes por testes com bombeiros. Mas consegui ver que o horário – 3h45 – no que restou dele. Guardei o relógio no bolso e acordei o Denílson.

– Bora?

– Meu Deus do céu! Nem vi que dormi.

– Preocupa não, eu tava tomando conta do quartel.

– Aposto que o senhor ficou tranquilo só porque eu estava aqui do lado e sabia que se o pau quebrasse eu resolveria.

– Você é um gozador. Anda, levanta aí e chama o pessoal lá em cima. Vamos dividir as equipes e passar as missões.

Saímos da sala e logo encontrei o tenente-coronel Ângelo.

– E aí, Farah? Conseguiu preparar algo?

– Consegui sim, comandante. Dividi as equipes dessa maneira – mostrei o papel para ele. – Cada uma está com um nome alfabético. Plotei no mapa o local de início das buscas, mas não temos como prever qual área eles vão conseguir percorrer, pois o terreno ainda deve estar muito instável. As aeronaves podem ajudar a fazer buscas minuciosas nas partes que as equipes de terra não conseguirão acessar. Creio também que...

– Farah, confio em você. Fica tranquilo. Não precisa me passar tudo. Segue seu plano e caso alguma coisa fuja do normal, me avise. Eu tô aqui para conseguir os recursos que vocês precisarem. Me avisa e eu corro atrás.

– Obrigado, comandante. Já pedi para chamar os militares. Vou reunir a tropa e apresento ao senhor.

Fui em direção ao pátio interno e vi a guarnição do Ferreira que retornava de buscas naquele momento.

— Capitão, está bem escuro, mas retiramos três famílias. Os acessos estão muito ruins. Quando o dia raiar pode melhorar, mas pelo que estamos ouvindo tem muita gente desaparecida.

— Obrigado, Ferreira. Vocês que estavam em campo, descansem e daqui a pouco eu chamo.

Os militares que estavam dormindo começavam a chegar no pátio e encontraram uma mesa com um lanche que alguém havia preparado. Nem precisou avisar que deveriam se alimentar, pois já se reuniram em volta da mesa e comiam sem falar alto, sem dar risadas, sem sacanear um ao outro. Raramente eu via uma cena daquelas. Acredito que todos estavam certos da responsabilidade e da dificuldade que encontrariam. Era como se estivessem se preparando para enfrentar um campo minado. Ou melhor, de areia movediça.

Olhei para o braço, mas lembrei que estava sem relógio. Peguei o que restou dele no bolso e vi que marcava 4h15.

— Senhores, entrem em forma para divisão das equipes.

Comecei a falar os nomes das equipes.

— Equipe Alfa, sob comando do tenente Warley. Vocês irão trabalhar na usina de tratamento de minério. Tenente, pode chamar sua equipe.

Entreguei um papel com os nomes para o Warley, que era comandante do Pelotão de Combate a Incêndios Florestais, mas já tinha feito o Curso de Operações em Desastres. É um excelente bombeiro, calado, sério e altamente leal.

Ele conferiu a equipe e chamou os militares um a um para se alinharem com ele. Pode parecer um retrabalho, mas a divisão dessa maneira fazia com que os militares tivessem a noção de que agora eles estavam sob o comando do tenente Warley. Até para mim isso é importante.

Num primeiro momento eram cinco equipes com cerca de dez militares cada, mas seriam muitas equipes em campo e eu não conseguiria ter um bom controle de todos se tivesse que saber um por um. Não que "tomar conta" de tantos bombeiros em campo fosse um problema. A dificuldade é prover toda logística e suporte adequado para todos em uma situação extrema. A partir do momento em que delego uma responsabilidade para outro comandante, ele tem que administrar o todo e reportar para mim. Isso facilita o gerenciamento dele e o meu, fazendo com que eu possa manter o foco nos pontos mais críticos. Essa é a base de uma estrutura militar, que funciona há séculos.

Não é fácil descentralizar o comando, principalmente para quem se envolve demais com as operações em campo, como eu. Mas isso acontece naturalmente quando existe confiança entre os membros. Muitos líderes preferem centralizar as decisões por falta de confiança em seu time ou por outros motivos pessoais que não cabem a um bom líder. Por isso eu acredito na importância de equipes permanecerem juntas e de todos saberem de suas responsabilidades. Os Xerifes que passam pelo nosso curso entendem muito bem com isso funciona.

– Equipe Bravo, comando do tenente Tiago Costa. Vocês irão trabalhar no ônibus.

– Equipe Charlie, tenente Reis. Vocês irão trabalhar nos vagões do trem.

– Tenente Lucas, você e sua equipe irão percorrer as margens e retirar as pessoas das comunidades com apoio dos cães.

– Teremos uma equipe de pronta resposta no Posto de Comando comigo para que possamos fazer alguma intervenção rápida, caso algum dos senhores necessitem de apoio.

Eu não ouvi qualquer questionamento, somente as vozes dos líderes de equipe chamando cada um para se agruparem em filas. Aqueles militares estavam completamente conectados àquela missão. Naquele momento tive a certeza de que eles sabiam do grande desafio que teriam, mas fariam tudo que pudessem e até mais um pouco para retornarem apenas quando a missão fosse cumprida.

Vi o tenente-coronel Ângelo se aproximando.

– Atenção, grupamento. BEMAD, sentido! Cobrir! BEMAD, firme! Atenção para o anúncio!

– Capitão Farah, comandante da Companhia de Busca e Salvamento do BEMAD, anúncio ao senhor a tropa formada e pronta para as operações.

– Anúncio recebido, Farah. BEMAD, descansar! À vontade tropa.

Pela primeira vez vi que eles não relaxaram depois desse comando. Estavam muito focados.

– Farah, tá com você, amigo. Pode passar as orientações e lançar as equipes no terreno.

– Sim senhor, comandante.

Olhei para todos aqueles militares. A maioria teve um contato muito rápido no dia anterior com as áreas atingidas e outros chegaram durante a madrugada, mas certamente já tinham visto imagens e notícias sobre a magnitude daquele desastre. Muitos ali sabiam que aquele seria o maior desafio de sua vida. Então eu precisava falar algo.

"Senhores, em 2010 um bando de malucos vestindo roupa de mergulho resolveu fazer um treinamento para enchentes e soterramentos, ainda sem muitos equipamentos e técnicas, mas queriam se preparar melhor para poder salvar vidas. Eu e alguns dos senhores estávamos entre eles.

Desde lá, muitos militares se juntaram a nós nessa caminhada, mesmo sem um rumo muito certo. O que sabíamos era apenas que nosso destino era salvar vidas, que seríamos uma esperança quando ninguém mais a tivesse.

Algumas pessoas de fora até debochavam porque treinávamos muito duro para missões que pareciam ser impossíveis de acontecer. Mas em 2011, fomos acionados quando fortes chuvas atingiram Minas Gerais. Aquela foi só a primeira.

Em 2014, atendemos a primeira operação de resgate de vítimas em uma barragem. Depois dela, alguns pensaram que jamais atenderíamos outro evento como aquele. Mas, em 2015, fomos chamados para algo ainda maior, o maior desastre ambiental do país.

Agora nós estamos aqui. E eu estou aqui hoje com um orgulho imenso de estar ao lado dos profissionais mais preparados para enfrentar um desastre como esse. Além disso, não sei qual a religião ou credo de cada um dos senhores, mas sei que algo muito maior nos colocou aqui, pois acredita que somos capazes de aliviar a dor no coração destas pessoas que precisam de nossa ajuda.

Eu já vi e vivi a morte de perto várias vezes e muitos de vocês também. Já vi o Gil pular no vazio em uma rodoviária e quase morrer. Vi a Carol tirar um homem do meu tamanho do meio de um incêndio em uma pizzaria com a máscara de ar na reserva. Vi o Menon, sem tempo de se equipar direito, entrar num incêndio e retirar uma vítima com vida, antes de tudo cair. Já fui resgatado pelo Biagini que me tirou sem respirar de uma lagoa. O Faria esteve comigo na Serra do Cipó num resgate que quase nos matou. Era uma criança, filho de um outro bombeiro. Eu e muitos militares aqui subimos mais de vinte andares de escada num incêndio das torres do Boulevard, onde havia mais de cinquenta pessoas no terraço do prédio querendo se jogar lá de cima. E nós retiramos uma por uma.

Então eu sei que independente das muitas dificuldades que vamos encontrar nessa lama, os senhores seriam até capazes de dar a própria vida, não apenas por esse comando ou pela corporação que representam, mas por qualquer pessoa que estiver estendendo a mão e precisando de ajuda.

Por isso, eu não vou pedir para fazerem o melhor, pois isso já está dentro de cada um e intrínseco nessa farda que vestem. Eu só quero pedir uma coisa. Tomem cuidado. Cuidem das vítimas, de vocês e do companheiro do seu lado. Ainda temos muitas missões para cumprir juntos. Então, sejam loucos, mas voltem com vida, sempre. Façam o máximo e mais um pouco, e voltem para casa. Chega de mortes. Eu ainda não sei exatamente quantas pessoas perderam a vida aqui ontem, mas tenho certeza de que não vamos perder mais ninguém a partir de agora.

BEMAD, ao comando dos comandantes de equipe!

Vão com Deus."

Eu sabia que todos ali eram bons demais e já sabiam de tudo que eu disse. Mas num momento de tantas incertezas era importante que iniciassem aquela jornada tendo em mente que haviam treinado muito, estavam totalmente preparados e que nunca estariam sozinhos.

Naquele momento eu deveria ficar distante deles e isso doía em mim muito mais que meu pé. Pela primeira vez eu estava lançando uma operação sem estar participando dela diretamente no campo de buscas. Mas todos ali sabiam que de alguma forma eu estaria com eles.

Assim que terminei de falar e liberei as tropas, não posso dizer ao certo o que eles sentiam, mas eu estava completamente energizado e confiante. E pelo que conheço deles acredito que essa sensação contagiava a todos ali.

Cada um dos comandantes reuniu seu time para estudar suas áreas de intervenção e passar as primeiras instruções. A tropa conferia seus equipamentos, colocavam luvas e capacetes, enchiam seus cantis e mochilas de hidratação com água, faziam a checagem geral dos equipamentos, canivetes, lanternas e tudo que poderiam precisar ao longo do dia. E eles já percebiam que aquele dia seria longo.

Minha preocupação passou para a análise da possibilidade de rompimento da outra barragem, o que poderia colocar em risco todos os moradores ilhados e, agora, os militares que saiam para o campo. E eu também queria achar um local mais próximo para estar junto deles.

Fui em direção ao comandante para tentar convencê-lo de montar um Posto Avançado naquela Igreja que estivemos na tarde anterior. Eu já tinha visto no mapa que pela altimetria estaríamos acima da zona quente, mas para ter total certeza eu precisava olhar o *Dam Break*.

– Comandante, a gente pode ir até aquela Igreja de ontem? Acho que lá vai ser o melhor local para estarmos mais perto da zona quente e termos uma melhor visão da operação em campo.

– Vamos avaliar, Farah. Consegue uma viatura para irmos lá pra olhar?

– Sim, comandante.

Fui até o pátio externo da faculdade e as viaturas já haviam saído com as equipes.

– Denílson, consegue uma viatura pra gente. Precisamos ir até a Igreja.

– Estamos sem viatura, mas tem um ônibus parado ali. Se o senhor quiser...

– Tá doido, cara. Tem lama pra todo canto.

– Deixa comigo. O senhor sabe que cabo aqui arregaça atrás do volante.

– Então ajeita o ônibus que eu vou chamar o comandante.

Fui falar com o tenente-coronel Ângelo e ele estava falando com coronel à frente da operação, que ainda não sabia que os resgates seguiram durante a noite. Mas de longe percebi que não havia nenhuma tensão no ar. Quando me aproximei ele apontou para mim. O coronel desviou o olhar em minha direção e apertei o passo. Assim que cheguei perto, prestei continência e ele disse:

– Farah, o Ângelo me falou que você já fez o planejamento e dividiu as equipes. Pode seguir em frente.

– Obrigado, senhor. A viatura já está em condições, comandante.

– Se o senhor nos permite, eu e Farah vamos fazer a checagem de um local.

– Ok, vão me informando de tudo. O comandante-geral vai estar aqui em breve.

Saímos em direção ao pátio.

– Cadê a viatura, Farah?

Apontei para o ônibus. O Denílson já estava com o motor ligado.

– Você está de sacanagem, né? Um ônibus?

– Senhor, já fomos pra uma ocorrência até de burro. Ônibus é um luxo.

– Então vamos rápido porque o dia deve ser longo.

Eu jamais poderia imaginar que aquele dia duraria quase 72 horas.

UMA DOR ABSURDA

No caminho para Igreja, agora com mais claridade, conseguíamos ver bem de perto a destruição. Ao mesmo tempo que uma visão aérea nos mostra a grandiosidade de um desastre como aquele, ao passar perto da lama podemos perceber o impacto que ela causa em cada árvore, carro, casa e tudo que encontra pela frente. É difícil imaginar como uma pessoa poderia reagir ao ver uma onda de lama se aproximar.

Observávamos pela janela em silêncio. Menos o Denílson, que dirigia o ônibus como se fosse uma pick-up 4x4, enquanto cantava músicas sertanejas. Essa era a maneira que ele encontrava para encarar tudo aquilo, uma forma de manter o controle, apesar de causar descontrole em quem estivesse ao seu lado. Como cantor ele era um excelente bombeiro.

Certa vez fizemos um treinamento de salvamento em enchentes numa cidade chamada Lumiar, na região serrana do Rio de Janeiro. A viagem durou doze horas porque o ônibus lotado de aluno conseguia andar no máximo a 60 km/h, e isso só na descida. Não sei onde, mas o Denílson encontrou um aparelho de som naquele ônibus e colocou uma música do Eduardo Costa, que ficou tocando durante a viagem. Por sorte, eu seguia em outra viatura e só percebi que estava acontecendo algo quando fizemos uma primeira parada e todos os alunos desceram do ônibus cantarolando ou assobiando involuntariamente aquela música. Menos o Menon.

— Tenente, o excomungado do Denílson colocou uma música no último volume pra ficar repetindo desde que saímos de Belo Horizonte.

Antes que eu pudesse falar qualquer coisa, o Denílson, querendo meu aval para mais uma vez deixar os alunos incomodados, perguntou:

— Eu sou instrutor e se um aluno encostar a mão na minha música estará eliminado do curso. A regra não é essa, tenente?

Não era. Mas acredito que eles seguiram viagem com aquela música até o acampamento. Lá algum aluno encontrou aquele CD e o eliminou do treinamento.

Peguei meu relógio indestrutível no bolso e conferi as horas. Faltava pouco para 6h. Estávamos em uma estrada de terra, num caminho com muitas árvores. Até que de repente nos deparamos com os degraus na montanha que a mineração faz para a extração do minério.

Eu fiquei olhando aquela parede enorme, as escavadeiras lá no alto, com estruturas que tinham mais de quinze metros de altura e de longe pareciam formigas. Eu comecei a imaginar o que pessoas que estavam ali pensaram no momento do rompimento da barragem, ao perceber aquele tsunami.

— Não falei que chegávamos?

A voz do Denílson me trouxe à realidade novamente. Estávamos na frente da Igreja. Descemos do ônibus e entramos por uma porta lateral. Não havia ninguém no local. Testei as luzes e surpreendentemente elas funcionavam. Fui até o altar. Não me lembro nunca de estar tão próximo de um na minha vida, afinal me casei num cartório. Observei que tinha uma porta ali. Abri e vi que era uma antessala, onde havia também um quarto com banheiro com chuveiro. Testei e água também estava funcionando.

– Comandante, tem até cama e chuveiro.

– Farah, é o quarto do padre.

– Uai, padre também dorme no quartel dele?

– Você não sabia disso, não?

– Eu não entendo muito de religião. Só faço minhas orações, carrego terço, tenho estátua de São Jorge em casa, no quartel e no alojamento, leio o *Livro dos espíritos*, ouço mantra budista...

– É, meu amigo, você se protege bem.

– Se a gente puder ficar aqui eu vou dormir no altar.

Surgiu um senhor em uma sala atrás de nós que nos cumprimentou:

– Bom dia. Eu sou o Padre João.

O tenente-coronel Ângelo se adiantou.

– Padre, bom dia. Desculpe a invasão. Meu nome é tenente-coronel Ângelo. Estamos envolvidos com as buscas na região e estávamos avaliando um local que pudesse servir de ponto de apoio para acompanharmos nossas equipes em campo. O capitão Farah sugeriu aqui, pois é mais próximo, além de ser um local abençoado.

– Meus filhos, essa casa é de vocês. Em um momento tão triste é o mínimo que eu poderia fazer.

– Muito obrigado – agradeceu o tenente-coronel Ângelo, que virou pra mim e disse baixo. – Vai dormir no altar, Farah.

Também agradeci ao padre e enquanto eles continuaram a conversa fui olhar ao redor, onde estava o campo de futebol. Vi que algumas pessoas começavam a chegar, possivelmente ao perceber nossa movimentação por ali. Olhei ao redor e não tinha nenhum outro bombeiro ou policial. Com a autorização para montarmos um Posto Avançado, começamos a acionar as equipes e as aeronaves chegariam em poucos minutos. Por isso, era preciso distanciar todos e permitir os pousos.

Fui em direção ao gramado. Vi nos rostos uma mistura de tristeza, desespero e muita dúvida. Eu não sabia qual tinha sido a perda de cada um, mas entendia que mesmo entre aqueles que não procuravam por alguém esses sentimentos tomavam conta de todas as pessoas naquela região.

– Pessoal, sei que vocês devem estar assustados e precisando de ajuda, mas nós também vamos precisar muito da ajuda de vocês. Quero pedir para todos vocês ficarem atrás do alambrado para os helicópteros conseguirem pousar aqui. Tudo bem?

– O senhor pode nos dizer se tem muita gente desaparecida? – perguntou um senhor mais velho com chapéu na cabeça.

– Não sei dizer ainda pro senhor. Mas nossa equipe está agora levantando todas as informações e com certeza vamos atualizar vocês assim que soubermos.

Era possível ver a inquietude de todos, afinal aquele deveria ser um povoado tranquilo e pacato, que havia sido atingido por uma enorme onda de lama. Apesar de muitos que residem nessas áreas saberem que existe algum risco, nunca esperam que o pior irá acontecer. Além disso, confiavam nas sirenes e que teriam tempo de escapar. Acho que estavam sendo até bem compreensivos e foram muito receptivos com as nossas equipes naquela operação que começávamos a montar ali, sem previsão de ter um fim. Não tenho dúvida que a relação de afeto que as nossas equipes receberam daquelas pessoas que haviam perdido parentes, amigos, casas, bens e a paz, foi fundamental para todos os dias dessa operação.

Comecei a ouvir o som de alguns helicópteros que se aproximavam. Fui até a Igreja para avisar ao comandante.

– Comandante, os helicópteros devem chegar em breve.

– Ótimo! Se você puder balizar, estou só pegando mais alguns detalhes com o padre e já vou até lá.

Como não estava totalmente claro, fui até o ônibus e peguei minha lanterna, uma daquelas que usamos em incêndios e que tem uma função de pisca-alerta, que conseguimos ver até mesmo durante o dia. Corri até o campo de futebol e me posicionei de maneira que os pilotos pudessem ver a luz piscando no local preparado para o pouso.

Poucos minutos depois eu vi dois helicópteros dos Bombeiros se aproximando. Eles piscaram o farol, sinalizando que já tinham me visto. Firmei o corpo no gramado e sinalizei para as aeronaves.

O primeiro Arcanjo pousou. O tripulante desceu, agradeceu, tirou seu fone e foi sinalizar para a segunda aeronave.

Na primeira aeronave também se encontravam o capitão Júlio Cesar e o tenente-coronel Farley. O Júlio estava mais uma vez em uma operação comigo e me dava muito orgulho vê-lo agora como piloto. Eu tinha certeza de que ele seria um dos melhores, ainda mais voando ao lado do tenente-coronel Farley, um cara sensacional, com muita experiência e quase dois metros de altura. E como o Júlio César também era bem grande e pesado, não pude resistir ao comentário:

– Comandante, essa aeronave é bem potente pra aguentar os dois, hein?

– É, Farah. Mas se você entrar eu não consigo decolar. Por isso trouxe a Camila – disse o comandante apontando para soldado Camila, que estava de tripulante e certamente é bem mais leve que eu.

– Como está a situação, Farah? Muita gente desaparecida? – perguntou Júlio Cesar.

– Ainda é difícil saber, Júlio. As informações iniciais são de até 500 desaparecidos, mas não temos a confirmação. Ainda há pessoas nas margens, que nossas equipes seguem retirando. Mas com certeza muitos não tiveram tempo.

– É Farah, mais uma...

– Infelizmente, Júlio. A terceira em tão pouco tempo.

– Não sobrevoei aqui, mas pelo que falaram está bem tenso, né?

– Tá sim. Fiz um voo ontem e deu para mapear alguns pontos.

Olhei para o portão do campo de futebol e vi mais pessoas. Apontei para mostrar ao Júlio.

– Elas estão desesperadas por notícia. E já devem saber que há outra barragem.

O subtenente Olímpio estava no outro helicóptero que havia acabado de pousar ali e se aproximou de nós. Ele tinha sido meu instrutor no curso de soldado e meu instrutor no curso de mergulho.

– Que isso, hein Farah? Capitão? Ontem mesmo o senhor era um recruta mergulhador.

— Mas o melhor recruta mergulhador que o senhor já conheceu.

Sempre falava isso com o subtenente Olímpio, pois uma vez fomos atender uma ocorrência de resgate de vítima afogada em uma lagoa na região da Serra do Cipó. Eu ainda não era mergulhador formado, mas no curso de formação eu demonstrava alguma técnica. Chegando no local a guarnição, ele ficou mergulhando a tarde toda e não havia encontrado a vítima. Eu estava do lado de fora segurando a corda e fazendo a segurança, sem entrar na água.

— Nada até agora, sargento? – perguntei ao então sargento Olímpio.

— Nada, Farah. Ele deve ter descido o rio.

— Mas os amigos dele falaram que o cara pulou aqui – disse apontando para o lugar.

— Não está aí, não. Já mergulhamos e tá com mais de dez metros de profundidade – ele me disse mostrando o profundímetro.

— Eita, tá bom pra treinar apneia. Se eu descer e pegar o barro, o senhor me garante uma vaga na próxima turma do credenciamento de mergulho?

Era comum essa disputa entre os bombeiros para ver quem conseguia chegar ao fundo de um rio e pegar o barro.

— Para de show, Farah. Você sabe que isso é para soldados com mais de dois anos de serviço. Mas se você pegar o barro, eu converso sobre isso com o tenente Luiz Henrique.

Não pensei duas vezes. Tirei a camisa e fui até o local. Comecei a fazer uma respiração mais prolongada e me concentrar. Puxei todo o ar, fiz a manobra que ensinavam e comecei a descer até o fundo. Eu não via nada e a maioria dos nossos mergulhos é assim mesmo, sem ver um palmo na frente do nariz. Por isso sempre mergulhávamos em dupla e em contato um com o outro para não nos perdemos no fundo.

Comecei a descer e imaginei que já estava chegando no fundo, pois eu geralmente fazia a manobra de compensação depois dos cinco metros e já tinha feito isso duas vezes. Então toquei em algo que não era barro. Era o corpo.

Eu não estava preparado para encontrar alguém afogado na minha primeira ocorrência de mergulho. Engoli o ar e subi assustado, com olhos de Mônica.

– Uai, Farah, cadê o barro?

– Sargento, achei o corpo.

– Pra estar aí com essa cara, você deve ter achado o Nego D'água!

Toda vez que alguém quase se afogava em uma operação falavam que a pessoa havia encontrado o Nego D'água, uma figura folclórica entre nós bombeiros, que assustava os mais inexperientes.

– Sério, sargento. Eu achei.

– Ok. Então volta lá e trás a vítima – disse o sargento ainda sem acreditar. – Se for verdade, nem precisa fazer o curso de mergulho. Eu te dou o brevê.

Dessa vez eu mergulhei já me preparando para encontrar um corpo. Respirei fundo, uma, duas e na terceira fiz a manobra. Já havia passado de cinco metros, mergulhei mais fundo e …. nada. Como assim? Eu tinha certeza de que estava lá. Fui tateando um pouco mais a frente e não encontrei nada. Peguei o barro do fundo e voltei.

Levantei a mão ofegante e mostrei o barro.

– Cadê o corpo, Farah?

– Estava lá. Mas trouxe o barro.

– OK. Vai entrar no curso. O problema é se formar.

– Sargento, quero tentar a última vez.

– Garoto, deixa eu te falar uma coisa. Um bombeiro nunca fala que vai tentar a última vez. Diz que vai tentar mais uma vez. E larga a mão de ser teimoso, vem pra fora que tem um monte de material pra você limpar e guardar.

Só deu tempo de eu dizer:

– Entendido, sargento! Vou tentar mais uma vez – respirei fundo e desci.

Fiz a primeira manobra de compensação, a segunda, cheguei no fundo e nada. Continuei arrastando o peito no fundo, mas o ar já estava falhando e comecei a sentir aquela agonia de engolir o ar que já não existe. Coloquei a mão pra frente e fui tateando o nada. Eu tinha que subir, pois já estava no limite… até que encostei novamente no corpo. Consegui segurá-lo e subi igual a um foguete.

Saí da água bufando. Quando olhei, o sargento já estava dentro da água, quase mergulhando para me buscar.

— Achei, sargento! Achei!

Agora era a vez dele me olhar assustado, sem acreditar que o recruta tinha encontrado a vítima. Fui nadando até a margem.

— Agora o senhor vai ter que me dar o brevê.

Era meu primeiro resgate de uma vítima de afogamento e não me lembro bem, mas acredito que um sorriso deveria estar estampado no meu rosto. Então, assim que saí da água senti um tapa na parte de trás da cabeça e um puxão pelo braço. Era o cabo Elismá.

— Olha lá, Farah! — ele apontou na direção dos parentes e amigos chorando. — Enquanto você tá aí todo felizinho que encontrou um corpo, ali tem uma família chorando.

Nunca mais eu me esqueci disso. O cabo Elismá era calado, mas quando falava era um sábio. Naquele instante eu percebi a merda que tinha feito e o quanto ainda tinha que aprender na vida e que minha carreira na corporação viria me ajudar demais. Mesmo quando um bombeiro cumpre sua missão, pode não haver nada o que comemorar, pois sua missão representa uma perda de algo ou a dor infinita de alguém.

Essa lição seria muito importante para a missão que estávamos enfrentando em Brumadinho. Diferentemente de Mariana, nossa busca não deveria ser por vidas, mas sim pelo resgate da dignidade e uma resposta para que famílias e amigos pudessem encerrar com respeito um ciclo e conseguissem seguir suas histórias, mesmo que não pudessem esquecer ou superar completamente a dor daquela tragédia. Era triste, mas não havia como voltar atrás. Então nós precisávamos seguir em frente para ajudá-los da melhor forma.

— Olímpio, preciso de um favor. Aquele pessoal tá muito angustiado. Você e a Camila podem conversar com eles? Digam que as buscas continuam, que estamos monitorando os riscos e que vamos colocar uma equipe para ajudá-los com dúvidas, ok?

— Positivo, capitão.

Encontrei com o tenente-coronel Ângelo.

— Farah, tudo certo com o padre. Podemos montar um Posto Avançado aqui. Só preciso que você confirme a segurança quanto a possibilidade de um segundo rompimento.

— Sim, senhor!

Fui até nosso rádio na esperança que alguém já tivesse implementado uma comunicação integrada.

– Posto de Comando, aqui é o capitão Farah.

– Prossiga, capitão Farah. Posto de Comando está no QAP.

– Preciso que solicitem com urgência para a empresa o *Dam Break* com mapa de inundação no caso de rompimento das barragens e tragam até a Igreja....

Olhei para os lados para ver se alguém me dava alguma informação da Igreja e o tenente-coronel Ângelo me informou.

– ... Nossa Senhora das Dores, no Córrego do Feijão. Atenção, reitero a urgência, pois já estamos com equipes em campo.

– Recebido, capitão.

O dia ficava cada vez mais claro e eu queria fazer mais um sobrevoo, pois estávamos no "dia de ouro". É assim que consideramos as primeiras 24 horas depois de um desastre, quando a possibilidade de encontrar alguém vivo é a mais alta. Apesar de tudo, ainda havia esperança de ver alguém com vida na lama.

Como a lama estava muito líquida e havia baixado um pouco seu nível, eu não tinha certeza do que poderia encontrar nesse sobrevoo e se teria que desembarcar em algum local para algum resgate. Era isso que eu esperava. Então, antes de embarcar conferi meu material. Estava tudo em ordem, tudo pelo menos que eu fosse precisar para uma ação rápida: lanterna, canivete, barras de cereal, manta aluminizada, antialérgico, kit de primeiros socorros, pederneira, água, mini serrote, caneta, caderneta de anotação, balas de café... abri duas e coloquei na boca. Aquele gosto de café organizava minha mente, enganava meu cérebro para que funcionasse melhor.

Várias pessoas já me perguntaram o motivo de levar canetas ou lápis e uma caderneta numa situação de resgate. Uma vez li, não me recordo onde, que se alguém ficar isolado ou perdido em algum lugar, o cérebro é a primeira vítima que pode surtar. Então, uma boa maneira para organizar pensamentos e ideias é escrever. Também funcionava como uma técnica para desabafar quando estivesse nervoso.

– Comandante, se não for precisar de mim aqui agora, eu gostaria de fazer um sobrevoo pra ver como estão as barragens e tentar encontrar mais pessoas que precisem de ajuda.

– Claro, Farah! Eu vou também em outra aeronave.

Os copilotos se dirigiram às aeronaves para ligar os motores, enquanto os tripulantes faziam a checagem de voo e orientávamos alguns militares para preservar o local e cuidar das pessoas que continuavam se acumulando na entrada do campo de futebol.

Assim que as aeronaves estavam prontas, embarquei por último e fiquei na porta para tentar registrar algumas imagens para mapear as nossas ações. Coloquei o fone e pedi ao tenente-coronel Farley para fazer o caminho do rompimento da barragem ao rio.

Após levantarmos voo, vi a Igreja do alto e a multidão que já estava ali. Ao mesmo tempo que era preocupante, esperava que muitas daquelas pessoas pudessem estar entre aquelas desaparecidas. Mas só saberíamos após consolidar as listas e avançarmos com as buscas.

Cerca de três minutos de voo já estávamos sobrevoando o que seria a barragem. Eu ainda não queria acreditar naquilo.

O tenente-coronel Farley fez um voo praticamente no fundo do que era a barragem. Eu olhava para os lados e via uma parede gigantesca que devia ter mais de cinquenta metros de altura e uma quantidade gigantesca de rejeito remanescente ainda estava descendo com uma força impressionante. Aquilo era somente o resto do rejeito, mas ainda escorria mais de dezesseis horas depois. Pedi a ele para olhar as ombreiras do barramento, as partes laterais da barragem. Não era possível entender bem aquele cenário, pois existiam ferros retorcidos e aquilo estava muito confuso.

– Comando, vamos na barragem da frente, aquela que está com rejeito na parede – pedi ao piloto, indicando a direção da barragem que eu havia vistoriado com o engenheiro no dia anterior.

Estranhamente, parecia que a grama da barragem estava molhada e eu não me recordava de ter visto aquilo antes. Poderia ser um extravasamento, mas eu torcia para ser o rejeito da barragem que já havia rompido e que acabou atingindo esta área.

Pedi para abaixar a aeronave mais um pouco para ver o dreno de fundo e quando descemos me senti um pouco aliviado. Vi um filete de água sendo drenado ao fundo, mesmo com a passagem tampada. Parecia que a barragem estava conseguindo drenar.

– Ok, senhor. Vamos seguir naquela estrutura grande ali na frente.

Fomos em direção ao que parecia ser uma unidade de tratamento e beneficiamento de minério, uma grande "usina" onde ele era separado para ser carregado em esteiras. Dava para ver parte da estrutura, mas nada das esteiras. Sobrevoamos o local e havia claramente algumas salas e escritórios com as paredes destruídas, muitos ferros retorcidos. Toda essa estrutura estava muito próxima da barragem, na rota de descida da lama e, infelizmente, muitos trabalhadores deveriam estar ali. Eles não tiveram tempo nem para perceber o que estava acontecendo. A falta de tempo em Brumadinho foi implacável com as vítimas e também com os bombeiros que esperavam salvar vidas.

Do alto consegui ver alguns uniformes alaranjados ali. Eram militares do BEMAD fazendo buscas.

Seguimos mais adiante e vimos vagões de trem totalmente destruídos e retorcidos. Eu havia designado uma equipe para aquele local, mas eles ainda não haviam conseguido alcançar aquele ponto. O acesso por terra estava muito ruim e com certeza eu precisaria rever os planos, lançando equipes em aeronaves para agilizar esse trabalho nessas áreas.

O primeiro dia de uma operação num desastre como esse é sempre o mais complicado. Todo e qualquer plano que fizéssemos precisava ser dinâmico, uma vez que seria por meio da própria operação que entenderíamos o que funcionaria melhor. Diferentemente de planos de contingência, aqueles que conseguem prever um cenário ruim que pode acontecer, nos planos de ação existe a necessidade de um período de avaliação para formatar os próximos passos de acordo com o que vimos e com cada passo que conseguimos dar efetivamente.

Ou seja, naquele espaço completamente tomado pela lama que começava na estrutura da empresa e se estendia por moradias e áreas públicas, devido à nossa dificuldade de acesso, de comunicação e de recursos num primeiro momento, precisaríamos avaliar o que poderia dar certo antes de nos lançarmos para o campo, otimizando as ações. A única coisa que não podemos fazer é não tomar decisões, pois nessa atividade todo minuto importa e os riscos são altos.

A aeronave se aproximou do vagão do trem e deu para ver que a janela da cabine estava quebrada. Os militares que trabalharam no dia anterior já deviam ter feito buscas. Ou as pessoas conseguiram escapar, pois não havia nada ali. Saímos daquele local que foi o primeiro a ser impactado sem ver nenhum sinal de vida na superfície da lama. Era muito frustrante.

Pedi então para o piloto seguir o caminho que a lama fez. Voávamos bem baixo e era possível sentir respingos do rejeito no rosto. Eu ainda não sabia se era tóxico ou não, mas ninguém se importava com isso naquele momento.

Estava ficando difícil segurar o fluxo de pensamentos e forçar o olho para encontrar algo. Voávamos em ziguezague, de uma margem a outra, a uma altura bem baixa. Assustava ver a marca que o rejeito havia deixado na copa das árvores com quase vinte metros e que agora estavam pintadas de marrom minério.

Em determinado movimento consegui ver um boi praticamente coberto pela lama. E agora? Valeria encontrar um local de pouso ali próximo, buscar acessar o local onde estava e, se verificássemos que ainda tinha sinal de vida, tentar tirar aquele animal? E se tivesse alguma família mais à frente naquela mesma situação? Somos bombeiros e tudo que é vida nos toca. Fizemos muitos resgates de animais, mas naquele momento tínhamos que decidir, lembrando que ainda estávamos no "dia de ouro".

– Quer descer, Farah? – o tenente-coronel Farley me perguntou pelo fato de eu ter pedido para sobrevoar o local onde estava aquele animal.

– Pode seguir – demorei um pouco a responder, mas tomei uma decisão. – Se tem animal, pode ter alguém.

– Concordo. Vamos seguir...

Marquei aquele ponto no mapa. A tecnologia nos ajudava muito nessas horas. Eu fazia fotos e filmagens e marcava no GPS para nos dar a localização exata de todos os pontos em que observava algo importante.

Começamos a chegar perto de algumas residências. Pareciam sítios e fazendas com várias construções destruídas pela lama, muitas ainda estavam encobertas. Eu sabia que aquele cenário mudaria bastante. A cada dia, a lama abaixaria mais e começariam a "brotar" casas, carros, objetos e, infelizmente, corpos. Mas até aquele momento não dava para ver muita coisa, apenas destruição. A vontade que eu tinha era descer em cada uma daquelas casas e revirar tudo, mas seria errado, provavelmente ineficiente e poderia causar mais riscos.

Continuamos até que chegamos no pontilhão do trem. Era algo assustador ver que a força da lama havia arrancado pilares monstruosos. Devem ter levado meses para colocar aquelas estruturas de pé que sustentavam a passagem de um trem carregado e em poucos segundos a lama deveria ter arrancado tudo.

Vimos pessoas no alto do pontilhão. Acima deles, havia um helicóptero de reportagem, que captava imagens lá de cima. As pessoas balançavam as mãos e não dava para saber se precisavam de ajuda ou se estavam somente acenando, então direcionamos uma equipe para aquele local.

Era uma grande quantidade de informações que captávamos a cada momento para tomar uma decisão. Pessoas acenando, casas cobertas de lama, animais soterrados, um pontilhão colapsado, o barulho do helicóptero, os rejeitos respingando na sua cara... Tomar uma decisão nesse cenário implicaria numa sequência de acontecimentos que podiam levar toda a operação para um caminho. O problema é que nós só saberíamos depois se era o caminho certo ou errado. Falar depois que uma decisão foi certa ou errada precisa levar em conta todos esses fatores e ainda a preocupação com a possibilidade de uma outra barragem romper, sabendo que os militares de sua equipe estão em campo. São frações de segundos para decidir.

Seguíamos as buscas no helicóptero e eu voltava e repetir mentalmente a oração do nosso curso. Mais adiante vimos uma fazenda com pessoas acenando. O tenente-coronel Farley fez um voo bem baixo com o esqui quase tocando ao solo.

– O solo tá muito úmido, Farah. Se eu tocar aqui, o solo afunda.

Ele fez um sinal e a Camila pulou, seguindo em direção a família. Em pouco tempo ela chegou até a família, conversou com eles e fez um sinal de positivo. O tenente-coronel Farley aproximou novamente a aeronave, ela agarrou no esqui, subiu na aeronave e nos informou:

– Eles estão isolados, mas não tem ninguém ferido. Todos bem. Mas falaram que mais adiante deve ter muitas vítimas, pois existiam muitas casas e atrás do pontilhão tinha uma pousada que devia estar cheia, porque sempre fica lotada no final de semana.

– Mas eu não vi nenhuma pousada. Você viu, Farah? – perguntou o comandante da aeronave.

– Não. Não vi nada, nem ninguém até agora.

– Seguimos?

– Vamos até o rio – fiz a indicação e marquei mais aquele ponto no GPS.

Mais à frente avistamos algumas casas destruídas, mas outras não haviam sido atingidas. O tenente-coronel Farley subiu para ver se tinha como aquelas pessoas saírem de lá e vimos acesso. Mas logo adiante, havia um carro isolado no meio de uma estrada. A lama tinha atingido a estrada na frente e atrás do carro.

– Será que tem alguém ali?

O piloto abaixou tanto a aeronave que deu para olharmos dentro do carro sem precisar desembarcar. Não tinha ninguém ali. De alguma maneira o motorista e quem mais estivesse ali tinham conseguido escapar.

Logo em frente vimos o Rio Paraopeba, que havia se transformado num rio de lama. Era outra preocupação que teríamos, pois ele era responsável pelo abastecimento de água para muitas regiões de Minas Gerais, e de peixes também para várias famílias locais. Dessa forma, mesmo após o cumprirmos da nossa missão, todos que conseguiram sobreviver naquela localidade e até mesmo populações mais distantes ainda sofreriam aquele impacto.

– Farah, chegamos no final.

– Pois é, comandante.

– E aí? Retornamos?

– Acho que sim.

Um sentimento de raiva tomou conta de mim. Raiva de mim mesmo, de não ter encontrado ninguém, num sentimento de impotência. Meu olho estava cheio de água. Sei que não era um sentimento só meu. Todo mundo naquela aeronave não queria acreditar que voltaria sem ter encontrado ninguém. Voltamos em silêncio, a não ser o barulho da aeronave.

No caminho de volta avistamos uma equipe de bombeiros cavando na lama. Eu fiz um sinal de positivo para seguir em frente e marquei aquele local no GPS.

– Comandante, quando chegar próximo ao pontilhão vamos mais devagar para tentar localizar essa pousada?

– OK.

Passamos o pontilhão, reduzimos a velocidade, rodamos a aeronave no local e não havia qualquer sinal de uma pousada.

Ninguém falou mais nada, até nos aproximarmos do pouso no Posto Avançado. O helicóptero tocou o solo e descemos calados, cabisbaixos e nos sentindo derrotados por termos deixado vários sonhos e esperanças soterrados na lama. Meu pé quebrado não doía, mas eu estava sentindo uma dor absurda.

O DIA MAIS LONGO DA MINHA VIDA

    Assim que pousamos vi que o campo de futebol no Posto Avançado na Igreja já estava tomado por outras aeronaves dos Bombeiros, da Polícia Civil e da Polícia Militar. O tenente-coronel Ângelo já estava de volta também.

— Nada né, amigo?

Só balancei a cabeça negativamente. Não queria nem responder.

— Temos mais aeronaves e pessoal agora. O que você acha de sentarmos para repensar?

Ele tinha razão. As equipes por terra não estavam conseguindo chegar nos pontos mais críticos e poderíamos utilizar esses novos recursos para utilizá-los nos pontos de maior importância que havíamos marcado no mapa.

— Vamos, comandante. Se permitir, eu passo as instruções via rádio e peço às aeronaves para recolherem os militares em campo.

— Pode tocar, Farah. Vou ligar para o comandante geral e atualizar.

Se eu estava com a cabeça fervendo, imagina como estava o comandante-geral da corporação. Após alguns dias nessa função ele já enfrentava um desastre daquele tamanho e complexidade. Mas eu estava certo de que ele cuidaria de tudo aquilo da melhor forma possível. Saber que o coronel Estevo era quem estava nessa posição me deixava seguro.

Peguei o rádio e avisei aos militares para que duas caminhonetes seguissem fazendo as buscas e o restante deveria retornar ao nosso Posto Avançado.

— Capitão Farah, aqui é o tenente Tiago.

— Prossiga, Tiago.

— Capitão, minha equipe não pode retornar agora. Na verdade, vamos precisar de apoio aqui.

— O que você precisa?

— Preciso de mais militares.

Achei aquilo estranho. Tiago estava com uma equipe de dez bombeiros e precisava de mais militares? Eu não sou de questionar uma solicitação da minha equipe. A minha função é prover recursos humanos, logística e treinamento necessário para que cumpram a missão, mas dessa vez achei que valeria perguntar.

— Tiago, pode me passar uma parcial da situação?

— Capitão, conseguimos acessar um ônibus. Está cheio.

Não fiz nenhuma ponderação.

– Recebido, Tiago. Vamos enviar. Por favor, atualize assim que possível.

Aquela não era a única sinalização de localização de vítimas. Outras equipes começaram a dar o retorno e praticamente todas estavam em algum local onde havia vítimas.

Corri para informar ao tenente-coronel Ângelo que as equipes haviam encontrado vítimas e ele me pediu para sentar.

– Acabei de conversar com o comandante-geral. As informações iniciais são mesmo de aproximadamente 500 pessoas desaparecidas.

Eu tinha visto esse número na noite anterior, mas eram reportagens com estimativas, algumas pessoas já haviam sido localizadas nas margens e em residências sem comunicação, então eu esperava que os números iniciais pudessem estar errados. Mas agora recebia uma informação oficial repassada pelo comandante. Aproximadamente 500 pessoas!

– Meu Deus!

– Pois é, Farah. Eu também tô aqui sem saber o que falar.

– Comandante, em Mariana foram 19 desaparecidos e a operação durou mais de dois meses. Aqui, se for isso mesmo, para localizarmos 500...

A complexidade de uma operação normalmente é proporcional ao número de desaparecidos. Por isso precisávamos saber o mais rápido possível esse número.

Abri o celular para verificar as imagens e as marcações que havia feito no mapa, e uma quantidade enorme de mensagens continuavam chegando. Nenhuma da Renata, nem dos meus filhos, graças a Deus. Estava tudo sob controle em casa.

Em mais de quinze anos lembro de uma única vez em que ela me ligou com um problema quando eu estava num plantão. A Renata me ligou chorando dizendo que o Theo tinha ficado preso com a cabeça e parte do corpo em uma mesa de inóx em casa e que o pescoço dele estava sangrando. Imediatamente entrei na viatura do quartel e fomos para lá correndo.

Theo fazia bagunça demais, o típico menino que precisava ficar 24 horas de olho no que ele estava fazendo. Até dormindo poderia aprontar algo.

Cheguei em casa e quando vi a cena me deu vontade de rir. Ele havia enfiado a cabeça no vão da prateleira e não conseguia tirar. Na tentativa de tirar o menino de lá, a Renata cortou o dedo e começou a sangrar, mas ela não percebeu que o sangue era dela e achou que o Theo tinha cortado o pescoço. Serramos a mesa que até hoje está lá com um vão nas prateleiras.

Resolvi mandar uma mensagem de áudio no grupo da minha família para dizer para todos que estavam bem e que assim que eu pudesse falaria com eles.

Lembrei que a maioria da minha equipe estava em campo e que um novo rompimento de barragem ainda não estava completamente descartado.

Eu precisava daquele mapa para que pudéssemos traçar as melhores estratégias. Olhei para o pulso novamente em busca do relógio e lembrei que estava no bolso. Já passava das 8h.

— Farah, o comandante-geral acabou de ligar. Estão vindo tropas de todo estado, além do Rio de Janeiro, Força Nacional e aeronaves da Polícia Federal.

— Comandante, eu preciso com urgência do mapa com o estudo da mancha de inundação das barragens. Vai ter gente demais para coordenarmos nessa área.

— Coloca no papel tudo que você vai precisar e deixa que eu resolvo.

— Sim, senhor.

Era bom demais ter alguém ali que queria resolver os problemas e seria ótimo ter mais pessoas e recursos, mas não seria fácil coordenar tropas do país inteiro, administrar alimentação e acomodação para todas essas pessoas, dezenas de aeronaves, controlar pousos e decolagens num espaço improvisado e, principalmente, monitorar tantas ações simultâneas das equipes que estariam acessando uma área que ainda não tínhamos a certeza do nível de risco. O número de desaparecidos já era muito alto e não poderíamos ser responsáveis por piorar aquela tragédia.

Comecei a escrever tudo em uma folha. Fiquei imerso naquela lista infinita de tudo que iríamos precisar. Até que a voz do Ferreira me tirou o foco.

– Capitão, chegamos! Só vim falar pro senhor uma coisa: começamos a encontrar muitas pessoas, mas sem vida.

Eu já sabia, mas ouvir aquilo causava dor, frustração, raiva, indignação, mas essa também era um avanço na nossa missão.

– Também está juntando muita gente na margem, querendo ajudar de todo jeito – continuou o Ferreira. – Eles estão entrando na zona quente.

– Ferreira, nós ainda não sabemos como tá a situação da outra barragem. Precisamos evacuar essas pessoas de lá o mais rápido possível.

– Pois é capitão, vamos precisar de muita gente aqui.

– A Força Nacional e os Bombeiros do Rio estão chegando pra ajudar.

– Então tá tranquilo. Eles sabem o que fazer. Vai dar tudo certo.

O Ferreira tinha razão. A vantagem de ter treinado equipes de outros estados e até mesmo da Força Nacional facilitaria o trabalho e a colaboração nessa operação.

– Farah, acabamos de receber um pedido de apoio. Parece que tem uma pessoa presa dentro dessa casa – o tenente coronel Farley veio ao meu encontro, mostrando um papel.

Olhei para o Ferreira.

– Bora?

Pegamos as coisas e corremos. O coração acelerou, pois era algo que nos dava esperança novamente.

Embarcamos no helicóptero Arcanjo, colocamos fone e prendemos o cabo do cinto com um mosquetão. Fiz sinal de positivo, mas nem precisava, pois o tenente-coronel Farley decolou com muita velocidade. As portas estavam abertas e a adrenalina no alto. Vi um sorriso na cara do Ferreira. É bom demais a sensação de poder salvar alguém. Ele olhou para mim, bateu no meu ombro e fez um sinal de positivo. Eu olhei e pensei: *"Vamos fazer tudo valer a pena agora"*.

Começamos a sobrevoar uma casa vermelha, que a lama tinha atingido até a metade da altura das janelas.

– Não consigo aproximar muito. Vocês vão ter que saltar!

Fiz um sinal de positivo. O subtenente Marques era o observador aéreo naquele voo. Ele pediu para subirmos no esqui da aeronave.

Ficamos em pé até que o helicóptero abaixasse o máximo possível para que conseguíssemos saltar. Apertei meu capacete e fiz sinal para o Ferreira fazer o mesmo.

A aeronave desceu mais um pouco. Devíamos estar a pouco mais de dois metros da lama. Senti o tapa no meu ombro. Era o sinal para saltar. Pulei e no meio do salto lembrei do meu pé quebrado, mas já era tarde. Num reflexo rápido e errado dobrei as pernas e cai de joelhos na lama. A minha sorte era que a lama estava mais para uma água suja do que para algo sólido, então afundei como uma pedra até altura da coxa.

Olhei para o alto e fiz um sinal que estava bem. E o helicóptero se afastou. Olhei para o Ferreira e vi ele totalmente afundado até a altura do peito na lama. A sorte era que ele já tinha entrado muito na lama e saberia bem com sair.

— Tranquilo aí, Ferreira?

— Tranquilo não, mas vou sair daqui.

Ele se deitou e começou a rastejar, como no treinamento. Eu consegui me apoiar em um pedaço de tábua um pouco mais a frente e me ergui. A destruição naquele local havia deixado alguns objetos que utilizávamos como base para pisar e conseguir chegar até a casa. O Ferreira foi pisando nos mesmos locais que eu. Pisávamos e afundávamos até a altura do joelho. Tínhamos que fazer uma força gigante para nos movimentar. A casa devia estar distante uns cem metros e pelo visto iríamos demorar para chegar até ela.

— Ferreira, faz silêncio. Vamos ver se escutamos alguém.

Não ouvíamos nada.

— Aqui é o Corpo de Bombeiros. Alguém me escuta?

Silêncio.

— Se você me escuta, grite ou bata.

Ninguém respondia. Ferreira ainda estava com a metade do corpo preso.

— Ferreira, enquanto você tenta sair eu vou lá pra ver se tem alguém.

— Beleza, comando.

Peguei duas tábuas que estavam por cima da lama, um pedaço de madeira de telhado e um madeirite de obra. Fui jogando um na frente do outro até conseguir chegar na casa.

Era uma construção antiga, dessas que as janelas são bem grandes. Apesar da lama ter atingido a parte de baixo da janela eu consegui entrar. Gritei novamente, mas ninguém respondeu.

– Parece que não tem ninguém. Vou entrar – gritei para avisar o Ferreira que estava mais atrás.

Os móveis estavam cobertos pela lama. Havia vários objetos espalhados por todos os lados. O sofá tinha flutuado e estava na metade da parede junto com uma cômoda.

Continuei prosseguindo e avançado sobre as madeiras. Ainda na lama percorri sala, quartos e banheiro, mas não via ninguém. Retornei para a janela por onde entrei e o Ferreira estava lá me aguardando.

– Nada, comando?

– Nada – mais uma vez a frustração me incomodava. – Pode chamar o Arcanjo.

Fomos rastejando até um ponto em que pudéssemos embarcar novamente no helicóptero e quando estávamos nos aproximando, o Ferreira pisou fora da trilha que havíamos seguido e afundou completamente.

– PQP, comando!

Naquele momento ouvi um grito no rádio. Aumentei o volume.

– ... BEMAD!!!

– Ouviu, Ferreira? O que ele falou? Alguma coisa BEMAD?

– Rompeu! Evacuar, BEMAD! – uma mensagem no rádio respondia minha dúvida.

Eu gelei. A outra barragem tinha rompido e estávamos presos na lama.

***

Cabo Juarez no mesmo momento, próximo dali.

Nós tínhamos acabado de recuperar uma vítima que estava perto da margem e a colocamos no helicóptero para levá-la até a base. Precisávamos aguardar ali, pois na aeronave não caberia toda nossa guarnição. Enquanto esperávamos, vimos um outro helicóptero que sobrevoava ali perto e sinalizando para nós um local.

O subtenente Selmo olhou para mim e disse:

— Juarez, acho que localizaram algo ali.

Olhei fixo e vi. Realmente era um corpo. Estava a cerca de cem metros de distância.

— Vamos lá, tenente? – perguntei ao tenente Reis.

O tenente Reis tinha chegado há pouco tempo no BEMAD e tinha participado do último Curso de Operações em Desastres comigo, poucas semanas antes de estarmos ali em Brumadinho. Eu era o 201 e ele, 187. Era engraçado quando o capitão Farah colocava um ao lado do outro, pois ele era o mais baixo e eu com quase dois metros.

— Uai Juarez, acho que dá. Tá vendo que tem uma árvore caída lá perto? Deve ter uns dez metros do tronco? Acho que é um ponto bom de apoio. Duro vai ser chegar lá. Vou pedir ao piloto para nos pegar aqui e deixar a gente em cima da árvore.

A aeronave se aproximou para pegar nossa guarnição aos poucos e deixar no local. Como eu era muito grande e pesado, ia sempre primeiro ou por último. Primeiro foram o tenente Reis, subtenente Selmo e cabo Magalhães. Eu e sargento Biagini fomos em seguida, saltando em cima da árvore. O tenente Reis fez um sinal de agradecimento para o piloto que retornou em direção à base.

O cabo Magalhães estava com um serrote pequeno e cortava os galhos para usarmos como apoio. Ele passava os galhos para o tenente Reis, que passava para mim, que passava para o subtenente Selmo, que passava para o sargento Biagini e assim iríamos progredindo naquele terreno.

Estávamos distantes da margem e longe dali avistamos uma outra equipe, mas não dava pra ver quem era. Acenamos para que soubessem que estávamos retirando uma vítima ali.

Finalmente chegamos no local e só conseguíamos ver parte do corpo, pois havia sido soterrado. Não era nem possível identificar se era homem ou mulher. Peguei uma pá de campanha e comecei a cavar, mas percebi algo estranho. Desde que iniciamos a operação o barulho dos helicópteros era constante e agora estava tudo muito silencioso.

— Tá estranho! Não escuto mais os helicópteros – falei para todos ali.

— Verdade – disse tenente Reis. – Pior que estamos sem rádio.

— E sem rota de fuga – disse o sargento Biagini.

Geralmente, quando íamos para uma operação mais complexa de resgate em escombros ou deslizamentos que existisse uma chance de haver novos problemas, traçamos um caminho mais seguro para sair da zona de perigo, mas ali era impossível, pois estávamos nos meios de uma lagoa de lama.

– Vocês escutaram? Foi um apito?

Parecia ter escutado um silvo longo. Eu tinha acabado de ter passado por aquele treinamento e sabia que um silvo longo era para pararmos tudo que estávamos fazendo. Todos paramos, ficamos olhando ao redor e vimos a outra guarnição na margem gritando e apontando para o rádio.

O tenente Reis fez um sinal para baixo, avisando que não estava funcionando.

– Desliga e liga de novo, tenente – disse o Selmo.

– Vocês estão escutando barulho de água? – falou Magalhães.

O tenente Reis desligou e ligou novamente o rádio dele.

– ... rompeu! Evacuar BEMAD!

Por um rápido instante ficamos paralisados, sem reação, até que o tenente Reis empurrou o Magalhães.

– Não pensa. Só corre!

Começamos uma tentativa desesperada de chegar até a margem. Olhei fixamente para uma guarnição que estava ali, alguém tentou vir em nossa direção e afundou. Rapidamente outro militar puxou a pessoa de volta. Nós estávamos muito longe e um barulho da água aumentava.

A lama era extremamente desgastante, tinha que fazer uma força descomunal. Por eu ser muito grande e pesado, afundava demais. Vi o Biagini e o Magalhães se distanciando. O Selmo estava atrás de nós, mas estava com a roupa de neoprene, que facilitava ou dificultava menos o avanço na lama. Então o tenente Reis afundou, eu voltei para puxá-lo e o subtenente Selmo passou por gritando.

– Juarez, corre!

– O tenente afundou.

– Anda, Juarez! Não vai dar tempo! – gritou alguém que estava mais a frente.

Puxei o tenente Reis, mas ele não se movia. Estiquei meus braços em direção a perna dele e disse:

– Tenente, pisa no meu braço com toda sua força.

Ele pisou e conseguiu se mexer. Pulou sobre mim, esticou as pernas e falou:

– Vai Juarez, pisa você agora!

O Magalhães e o Biagini vieram em nossa direção.

– Não, vem! Volta! - gritou o tenente Reis.

Aquilo era uma loucura.

Foi quando ouvi um helicóptero. Primeiro a aeronave se aproximou da margem e resgatou o Biagini, o Magalhães e o Selmo.

– Tenente, não cabe a gente. Tira o capacete. Não vai dar tempo!

O capitão Farah nos ensinou que ao percebermos o risco de sermos soterrados, deveríamos tirar o capacete e colocar na frente da cara para ter ao menos um espaço com ar e conseguirmos respirar.

Olhei para o tenente Reis e ele já estava de cabeça baixa. Retirei o capacete, abaixei a cabeça e esperei a lama chegar.

De repente, senti uma mão bater na minha cabeça. O cabo Magalhães estava pendurado no esqui do helicóptero e tentava me puxar pra cima.

Não pensei duas vezes e me agarrei no esqui. Puxei o tenente Reis e num esforço tremendo, ele conseguiu entrar na aeronave, que subiu rapidamente e saiu dali. Fiquei com metade do corpo para fora do helicóptero, nem vi qual aeronave era aquela. Ninguém ali estava ancorado e segurávamos um no outro.

Então percebi que começamos a descer. Eu torcia para que já estivéssemos chegando no Posto Avançado. Meu coração estava acelerado. Realmente achei que eu ia morrer naquela lama.

Será que tinha mais gente lá? E o restante das equipes?

Assim que a aeronave tocou no solo, rolei para o chão e ouvi o piloto gritando para os outros que ainda estavam paralisados saíssem de lá. Todos desceram e a aeronave levantou voo rapidamente, provavelmente para tentar buscar mais pessoas antes que a lama chegasse.

Sentei na grama e minhas pernas não suportavam mais meu peso. A descarga de adrenalina era grande demais. Quando olhei para o lado vi todos os meus companheiros de guarnição ali e senti um alívio imenso que tomou conta do meu corpo. O subtenente Selmo colocou a mão no meu ombro. Eu olhei e vi uma lágrima, numa expressão de alívio e de pânico ao mesmo tempo.

Mas agora precisávamos saber se todos conseguiriam sair antes da lama chegar. Vi mais uma aeronave chegando. Dela desceram o Ferreira e o capitão Farah, ambos cobertos de lama. O capitão Farah veio em nossa direção e estava bufando igual um touro. Dava pra ver que ele tava puto.

– Vai dar merda. O capitão vai estourar com alguém– disse o sub Selmo.

Ainda bem que eu sou maior do que ele.

***

– Rompeu! Evacuar BEMAD!

Olhei para frente e vi do outro lado da margem alguns bombeiros que também estavam tentando escapar da lama.

– Vamos, Ferreira! Sai daí! – gritei.

– Tô atolado, capitão. Não consigo!

– Para de pisotear a lama, porra! Deita e rasteja!

Eu puxava o Ferreira e ele não saia. Eu não estava acreditando naquilo. A gente ia se transformar em mais vítimas da lama naquele desastre. Não era possível.

O Ferreira deitou e eu o puxei pelo braço. Eu fazia muita força para retirá-lo e aos poucos ele ia se mexendo.

– Gira o corpo, Ferreira! Gira e levanta a perna!

– Tá presa, capitão. Não sai!

A farda grudava na lama e dificultava os movimentos.

– Me puxa, Ferreira, como se você fosse subir em mim.

– Vai, comando! Me deixa aqui e vai embora!

– Só cala a boca e faz força. Eu não vou deixar você aqui! Se quer que eu saia, então sai logo daí!

Deitei na frente dele e ele empurrou meu corpo para baixo. Finalmente ele conseguiu se mexer, mas agora eu é que estava preso. Girei meu corpo e começamos a rastejar juntos em direção à margem.

Ouvi um helicóptero se aproximando. Era vermelho também, mas não era o Arcanjo. Olhei pra trás e vi bombeiros presos no meio daquele rio de lama. Apontei para o helicóptero, fazendo sinal para ir até eles. O observador aéreo fez um sinal positivo e foi naquela direção. Enquanto isso, eu e Ferreira seguimos rastejando. Então começamos a ouvir um barulho forte de água. Olhei novamente para trás e o nível do rejeito estava subindo. Se fosse uma nova onda devia estar bem próxima. Não ia dar tempo de chegar na margem.

— Não para, Ferreira. Não para!

Estávamos indo o mais rápido possível, mas era difícil. Olhei para trás novamente e vi a aeronave indo em direção à base. Quando virei meu corpo, vi o Arcanjo no céu. O tenente-coronel Farley desceu no meio das árvores, entre a lama e a copa. O subtenente Marques estendeu a mão para o Ferreira, que entrou na aeronave e logo em seguida me puxou.

Meu coração estava acelerado e não consegui falar nada, nem agradecer. Olhei para o tenente-coronel Farley e ele me mandou pegar o fone. Coloquei com muita dificuldade, pois tremia muito.

— Você está bem?

— Acho que eu tô. O que aconteceu?

— Não sei. Recebemos um alerta de rompimento de barragem e viemos pegar vocês.

— Que helicóptero era aquele que resgatou a outra equipe?

— É o pessoal do Rio. Chegaram em boa hora. Eles pegaram uma guarnição do BEMAD que também estava presa na lama.

— Tem como o senhor sobrevoar a barragem? Preciso ver o que aconteceu.

— Deixa comigo.

Fomos em direção à barragem e chegando perto vi que não havia nada. Ela estava intacta, normal, da mesma maneira que vi da última vez. Então olhei para a barragem que havia rompido e vi que parte do rejeito remanescente estava descendo rapidamente e com muita força.

Com certeza alguém viu aquela cena e pensou que a outra barragem havia rompido. Alarme falso. Algum inconsequente quase matou todo mundo de susto.

Deixei o pânico e comecei a ficar com raiva. Mas eu ia descobrir quem foi o anjo.

— Para a base, Farah?

— Sim — evitei falar para não descarregar a raiva.

O tenente-coronel Farley achou um espaço no meio de tantos helicópteros que já estavam no campo de futebol. Tirei o fone e antes de autorizarem o desembarque, pulei e fui em direção ao Posto Avançado.

Vi o Reis, Selmo, Biagini, Juarez e Magalhães todos cobertos de lama.

— Vocês estão bem? — perguntei de longe e segui em frente com os nervos à flor da pele.

De repente fui contido por um golpe mata-leão. Alguém me segurou com força pelo pescoço. Olhei e era o Juarez me segurando.

— Tá doido, Juarez?

— Capitão, fica calmo. O senhor tá nervoso demais e vai fazer merda.

— Lógico. Um infeliz dá um alerta falso de evacuação.

— Eu sei. A gente estava lá.

— Pois é, não vai ficar assim!

Outros militares da equipe se aproximaram.

— Capitão, tá todo mundo nervoso, mas é melhor um alarme falso do que um de verdade que ninguém avisa.

Eles estavam certos. Nós ainda tivemos o privilégio de ser avisado e saber como sair dali. Além disso, a culpa também era minha, afinal, eu não havia colocado alguém para ficar observando aquele ponto da barragem até termos a certeza de que ela não corria riscos.

— OK. Vocês estão certos. Pelo menos tá todo mundo bem.

— O major veio aqui, mandou a gente se limpar ali e voltar para campo — disse o Selmo.

— Ninguém volta pra zona quente enquanto eu não avaliar o *Dam Break* e não termos o monitoramento seguro da barragem. Não quero que mais ninguém passe o que passamos. Vamos nos limpar e depois vou falar com o tenente-coronel Ângelo para definir o que será feito.

– Antes eu preciso ir é no banheiro. Não sei como não fiz na hora – disse Ferreira, descontraindo um pouco o clima.

– Nem me fala. Eu achava que ia morrer num incêndio depois de resgatar uma senhora e seu gato, mas hoje me vi abraçado com tenente Reis na lama – disse o Juarez.

Estávamos tão tensos que essa era a maneira de extravasar, aliviar tanta pressão e reforçar a união que sempre nos fortalecia nos piores momentos.

Fomos em direção a um caminhão de limpeza com uma mangueira de caminhão de combate a incêndios que estava ao lado do campo de futebol. Estiquei a mangueira e o Ferreira entrou na cabine todo sujo de lama, ligou o caminhão e acionou para pressurizar. Olhava para o Juarez, Selmo, Reis, Magalhães e Biagini também cobertos de lama e tinha um orgulho danado. Era como se olhasse meus filhos fazendo algo incrível. Não sei se mais alguém os olhava dessa forma, mas eu havia treinado cada um ali para aquele momento e tinha participado de várias operações ao lado deles. O Magalhães era minha dupla de mergulho, sempre tínhamos a sorte e a competência de cumprir nossas missões. O Biagini já havia me tirado inconsciente do fundo de um rio. O Reis era o mais novo da turma, sempre muito correto e leal, aceitando aquela missão de estar no batalhão conosco. O Selmo era o mais antigo, um camarada extremamente sincero, uma espécie de conselheiro que não tinha nada a perder e por estar no último posto das praças falava comigo o que precisava. Isso era muito importante por não deixar eu me envolver ou me empolgar demais. Já o Ferreira, além de um irmão de farda, é um amigo nos dias de serviço e de folga. Eu definitivamente trabalhava com os melhores.

Vi que a mangueira estava pressurizada e abri o jato em direção a eles, que começaram a tirar o excesso de lama grudada nas fardas. Não era o ideal e seria bem melhor um bom chuveiro quente, mas sabíamos e nos preparávamos para contar com aquilo que estivesse disponível. E um caminhão com uma mangueira logo no primeiro dia de uma operação como essa já era muito em comparação com outra situações que vivenciamos. Além disso, ao ver a cena do banho de mangueira lembrei novamente dos meus filhos.

Depois de terminar o "banho", recordamos aquele momento terrível que tínhamos acabado de vivenciar.

– Ainda bem que surgiu aquele helicóptero do Rio – eu disse.

– Pois é, capitão. Só vi que era helicóptero. Não pensei duas vezes e entrei logo – disse Selmo.

– Eu contei que já tinham três pessoas dentro do helicóptero e imaginei que alguém iria ficar pra trás – falou Juarez.

– Mas a turma do Rio é muito boa – afirmei.

Aproveitei para ir em direção à equipe do Rio para agradecê-los, pensando como o universo conspira para movimentos do bem.

Em 2012 eu, Menon, Leonardo e Gil tínhamos ido ao Rio de Janeiro para ministrar um curso de deslizamentos no CBMERJ – Corpo de Bombeiros Militares do Estado do Rio de Janeiro. Fomos com uma van descaracterizada e no meio da viagem recebemos uma ligação do tenente Rodolfo Augusto:

– Farah, sei que vocês estão a caminho, mas vamos ter que cancelar o curso. Então queria saber se podem nos encontrar na região serrana.

No início achei que era brincadeira dele.

– Opa! Um churrasco? Melhor nem avisar pra turma aqui.

– Nada, Farah! A chuva fez um estrago.

À medida que subíamos a serra de Petrópolis começamos a perceber que chovia muito forte e ficamos preocupados. Tentei ligar para o tenente Rodolfo, mas não conseguia sinal. Quando estávamos bem próximos da cidade, ele me ligou:

– Irmão, tá uma merda a situação aqui. Precisamos da ajuda de vocês. Já falei com o comandante aqui que vocês vão resolver a parada. Vocês vêm?

Eu desliguei e avisei para todos na viatura. Estávamos todos de agasalho de viagem e começamos a trocar de roupa ali mesmo.

Assim que chegamos na entrada da cidade, vimos uma viatura policial parada que estava sinalizando e desviando o trânsito. Desci e me apresentei.

- Bom dia, sou tenente Farah dos Bombeiros de Minas Gerais. Viemos ajudar o pessoal em uma ocorrência de deslizamento que teve aqui.

– Uma não, tenente, várias. Tá tudo derretendo. Para onde os senhores querem ir?

– Onde tá pior?

– No Quitandinha.

– Beleza. Então se alguém perguntar avisa que fomos pra lá.

– Bombeiro parece maluco. Quanto pior, melhor.

– Como é que é?

– Nada não tenente. Vão com Deus.

Na verdade, era mais ou menos assim mesmo que nós pensávamos. Não que desejássemos qualquer desastre – seria cruel alguém pensar isso – mas se algo estivesse acontecendo, era melhor que nós estivéssemos de plantão e preparados para agir.

Chegamos naquele local e estava uma loucura. Logo nos informaram que eram muitos desaparecidos. Chegamos no Posto de Comando e fui recebido pelo tenente Rodolfo Augusto e pelo sargento Rodrigo. Os dois foram alunos do nosso curso em 2011.

– Vem cá, irmão. Vou te apresentar para o tenente-coronel Albucacys e o major Renault, comandante e subcomandante do Grupo de Busca e Salvamento.

Sentei ao lado deles e vi a humildade em oficiais superiores. Na verdade por eu ainda ser um tenente muito novo tinha pouco contato com os oficiais superiores em Minas Gerais, mas é importante destacar que os militares do Rio nos receberam muito bem.

– Bem-vindo, Farah. Obrigado por virem nos ajudar. O Rodolfo e o Rodrigo falaram muito de você e da sua equipe. Vamos precisar da ajuda de vocês aqui – disse tenente-coronel Albucacys.

- Estamos à disposição no que puder ajudar. Os senhores já têm noção de quantas pessoas estão desaparecidas?

– De 30 a 40 – disse major Renault.

– Consegue um mapa da região para enxergar a dimensão?

Eles me levaram para uma sala. Lá estavam vários coronéis.

— Você é o Farah? Me falaram que é um especialista na área - disse um deles, com um bigode imponente, típico dos bombeiros americanos.

Usar bigode avantajado era algo bastante curioso nos Estados Unidos. Não sei ao certo, mas dizem que só era possível usar bigode depois de certo tempo de serviço e quanto maior o bigode, mais antigo era nos Bombeiros.

— Eu e minha equipe, senhor. Sem ela não consigo fazer nada.

— Entendi. Quanto tempo você acha que levaremos para encontrar todo mundo? Um mês?

— Senhor, não posso dizer ainda. Tenho que saber exatamente quantas pessoas são, qual o último ponto que os desaparecidos foram vistos, qual o volume do material deslizado... São muitas variáveis.

— Entendi. Então vou comunicar a imprensa que estamos recebendo especialistas de Minas Gerais e que achamos que essa operação deve durar um mês.

Engoli em seco, pois eu ainda não tinha noção de onde começar e o coronel já queria anunciar a duração daquela operação. E outra coisa bem importante, era melhor eu ligar logo para nosso comandante em Minas Gerais, pois daqui a pouco ele iria ver em rede nacional que a equipe dele estava participando de uma operação no Rio de Janeiro.

Liguei para o tenente-coronel Miguel, comandante à época, uma pessoa muito sensata e tranquila. Ele me deu todo apoio possível. Então fui junto à minha tropa e perguntei:

— Pessoal, viemos aqui para ficar no alojamento do quartel dos Bombeiros no Rio e não trouxemos diárias pra alimentação. Vou tentar desenrolar uma refeição e o que mais precisarmos. Então caso alguém queira retornar...

— O senhor vai ficar?— interrompeu o sargento Gil, antes que eu pudesse completar a frase.

— Eu vou ficar, Gil.

— Pois é, o senhor é tenente e vai ficar. Eu sou cabo e vou ficar. Então o Menon e o Leonardo também vão ficar.

— Tô falando sério, Gil.

— Eu também estou falando sério. Temos uma oportunidade única de fazer o que precisa ser feito.

– Bom, aquele coronel ali está indo anunciar para imprensa que a operação vai durar um mês. Tô preocupado com isso, pois ainda não faço ideia do tempo que vai durar.

– A gente vai dar tudo aqui, tenente. Pode ter certeza – disse o Leonardo.

Fato é que a operação durou exatamente sete dias, e ajudamos a encontrar os 33 desaparecidos. Mérito de todos que estavam lá. Mas era impressionante o quanto o tenente-coronel Albucacys e o major Renault estavam gratos. No último dia, o coronel bigodudo colocou toda tropa em forma e nos fez uma homenagem sensacional. Realmente essa é uma operação que nos trouxe um aprendizado gigantesco sobre colaboração.

Logo após terminar a operação, ainda fomos ministrar o curso. Ficamos quase um mês e ajudamos a estruturar o Curso de Operações em Desastres do Rio de Janeiro.

Chegando na área das aeronaves, vi os militares do Rio e fui agradecer por terem nos ajudado. Para minha surpresa um dos pilotos tinha sido meu aluno e foi recompensador comprovar esses laços fortalecidos e que aquilo que fazemos para o outro, pode retornar de alguma forma. Muitas vezes não percebemos o quanto a vida propaga nossos gestos e eles retornam de alguma forma como algo cíclico.

– Libório? Que bom ver você aqui. Obrigado!

– Farah! Irmão, a honra é nossa. Que aperto vocês passaram, hein? A sorte que estávamos chegando naquele momento e já com pouco combustível. Por isso, a aeronave tava leve e deu pra embarcar toda guarnição.

– Isso não chama sorte, não. Alguma coisa fez vocês estarem lá naquele momento. Obrigado mais uma vez.

– Pode contar com a gente para o que precisarem.

– Excelente! Tenho que resolver algumas coisas e já volto para falar com vocês. Se precisarem de algo, podem me procurar ali na Igreja.

O relógio marcava 10h e o local estava tomado por policiais militares, bombeiros de outras cidades do Estado de Minas Gerais e várias pessoas circulando ali. Quando abri a porta vi o tenente-coronel Ângelo reunido com outros oficiais em frente a uma pequena mesa com um mapa aberto. Eu estava todo ensopado e fiquei meio sem saber se entrava ali ou não, pois iria sujar tudo. Ele olhou para mim e me chamou:

– Farah, vem cá. Aqui está o mapa que você pediu.

Pronto. Agora poderíamos ter uma das respostas mais importantes para aquela operação funcionar. Se algo indicasse um risco, teríamos que suspender as buscas e retirar as equipes dali e os moradores sobreviventes. Então a busca por tantos desaparecidos seria ainda mais difícil. E, pior, possivelmente a lama de outra barragem escorreria para outras áreas, atingiria mais casas e inevitavelmente faria mais vítimas.

Tirei a gandola que fica por cima da blusa e deixei em cima de um banco, olhei pro altar e disse em pensamento: *"Senhor Jesus, desculpa aí pela sujeira na sua casa"*.

Cheguei próximo e prestei continência para todos os oficiais que lá estavam. Pedi licença, virei o mapa e comecei a procurar os pontos importantes. Olhei atentamente para verificar onde estavam a Igreja e o campo de futebol, mas à medida que meus olhos iam percorrendo o papel eu me assustava, pois várias estruturas que estavam ilustradas no mapa eu não conseguia ver durante os voos naqueles locais. O refeitório, o centro administrativo, a oficina... Nada mais estava lá.

Existe uma máxima do exército canadense que diz: "Entre o mapa e o terreno, prefira o terreno". Isso significa que em uma operação, se o mapa tiver alguma divergência com aquilo que estiver observando na realidade, você deve confiar no que está vendo. Aliás, acredito que isso não deve valer somente para mapas.

Como o mapa da mancha de inundação não reproduzia exatamente o que estávamos vendo ali, eu logo perguntei:

– Esse *Dam Break* está na pior situação?

– Como assim? – disse o tenente-coronel Ângelo.

– Esse estudo está considerando o rompimento de todas as barragens ou só da barragem que rompeu?

Os oficiais se entreolharam e depois olharam para um rapaz de empresa que havia trazido o mapa e que provavelmente seria um engenheiro ou especialista da área.

– E aí, Carlos? – perguntou o tenente-coronel Ângelo ao rapaz.

– É do rompimento total de todos os barramentos.

– Mas isso não está batendo com o que estamos vendo. Tá vendo este ponto aqui? Pelo mapa, no pior cenário ele não está atingido, mas pelo que eu vi no voo isso aqui já foi totalmente destruído com o rompimento só de uma barragem.

Carlos olhou pra mim.

– O senhor é engenheiro?

– Conheço um pouco disso – eu me dirigi ao tenente-coronel Ângelo – Comandante, me permite levar esse mapa? Vou precisar retornar ao local pra verificar.

– Claro, Farah! Vai lá.

– Até lá sugiro retirar todos até termos a certeza da segurança. Passamos um aperto no rádio agora, que se fosse real eu não estaria aqui para falar com os senhores. Também vamos precisar de mapas das comunidades, de tudo que existia aqui, além da previsão do tempo para hoje, amanhã e depois.

– Sim. Vamos providenciar.

Pedi permissão para me retirar, peguei o mapa e sai com a cabeça a mil. Fui em direção ao tenente-coronel Farley que estava com um cafezinho na mão.

– E aí, Farah?

– Senhor, me dá um cafezinho desse? E depois vamos decolar.

– Tem uma senhora aqui que fez um especial. Dona Doroti, esse é o capitão Farah.

– Prazer, capitão. Aceita um cafezinho?

– Dona Doroti, tem três coisas que eu não recuso: café, abraço e desconto.

Ela esboçou um sorriso, enquanto me servia um copo. Virei em um só gole. Estava bastante doce, como de costume em cidades do interior de Minas Gerais. Mas, o mais importante, é ser café. Agradeci mais aquela gentileza, que para mim tinha o poder de organizar melhor meus pensamentos e recarregar as energias, então fomos em direção ao helicóptero.

– Pra onde vamos, Farah?

– Comandante, temos que ver se a mancha indicada no mapa corresponde ao terreno.

Levantamos voo e já dava para ver que algumas equipes ainda estavam em campo. Nosso voo não durou muito tempo, mas o necessário para que eu pudesse identificar alguns pontos de interesse e visse a diferença com o mapa.

Assim que pousamos, peguei uma viatura para seguir pela rua da Igreja até o local onde a lama havia atingido. Eu precisava andar pelo rejeito para avaliar o que estava no mapa e a realidade. Quando cheguei em determinado ponto, abri o Google Earth para ver a altura indicada no mapa e comparar com a altura que eu estava pelo GPS. Havia uma diferença de dez metros. Ou seja, havia dez metros de rejeito abaixo de mim!

Cerca de uma hora depois eu já tinha os pontos necessários e retornei ao Posto Avançado. Vi o comandante geral próximo à Igreja.

– Como está o pé, Farah? – ele me perguntou.

Eu mesmo nem lembrava do meu pé, pois a adrenalina era tanta que não conseguia sequer pensar muito em algo que não fosse lama, barragem, bombeiro e vítima. Mas ele se preocupava e assim que perguntou, minha atenção voltou para isso e comecei a sentir que realmente doía.

– O pé tá bem, comandante. Obrigado.

– Tem algo que eu possa fazer para ajudar?

Confesso que pensei em perguntar se ele podia conseguir café sem açúcar, mas rapidamente voltei para a urgência da missão.

– Comandante, precisamos reforçar a importância de retirada das equipes de campo e dos moradores das margens, até terminarmos a avaliação do *Dam Break*.

– O Ângelo me falou que você foi verificar essa questão com a mancha de inundação pelo helicóptero. Já tem algum parecer?

– Estou voltando agora, senhor. Preciso fazer umas contas e já passo para os senhores.

– Perfeito. Estarei por aqui. E vamos retirar todos temporariamente.

– Obrigado, comandante! Com licença.

Fui para dentro da Igreja, olhei em volta e vi que circulavam mais pessoas e funcionários da empresa, havia vários equipamentos espalhados, mapas e papéis fixados nas paredes. A Igreja havia se transformado em um Posto de Comando, então que Deus pudesse nos ajudar a trazer alguma boa notícia. Procurei uma mesa mais livre para fazer aqueles cálculos com segurança e precisava de mais algumas informações. Chamei o Carlos, funcionário da mineradora.

– Carlos, sabe dizer qual o volume de rejeito dessa outra barragem?

– Capitão, não sei exatamente, mas creio que não passa de dois milhões de metros cúbicos.

Por exemplo, uma piscina olímpica tem um pouco mais de mil metros cúbicos. Em Mariana, estivemos diante de um desastre ambiental após o rompimento de uma barragem com cinquenta milhões de metros cúbicos, ou seja, cinquenta mil piscinas olímpicas.

– A barragem que rompeu tinha quanto?

– No máximo doze milhões de metros cúbicos.

Então ali em Brumadinho tivemos um volume menor que aquele no desastre em Mariana, mas infelizmente nós já sabíamos que o número de vítimas seria bem maior.

Comecei a esboçar uma linha no mapa, com a diferença de altitude da projeção da mancha de inundação com a realidade. Apesar de ser significativa, devido ao volume da outra barragem ser menor que a primeira e pelo fato de não termos mais locais de amortecimento, provavelmente um segundo rompimento causaria uma nova onda de maior velocidade, mas "espalharia" por uma área menor. E pelos meus cálculos não haveria risco para quem estivesse em determinados pontos no mapa, como na Igreja. Refiz as contas, abri o mapa mais umas duas vezes e já poderia dar um parecer.

De qualquer forma, não poderíamos mais confiar em alertas aleatórios por rádio. Era importante ter um radar de monitoramento da barragem que continuava em risco, nem que fosse necessário colocar uma equipe vigiando 24 horas por dia. Para seguirmos com a operação em que precisávamos acessar áreas tomadas pela lama, sem rota de fuga, era fundamental termos essa segurança para que as equipes mantivessem o foco restrito nos resgates que precisavam ser realizados.

Em meio a tantos cálculos, surgiu um copo de café. Olhei para trás e era a cabo Carol.

– Toma aqui, capitão.

– Valeu, Carol. Me salvando de novo.

Tomei rapidamente e fui falar com o tenente-coronel Ângelo. Ele estava no meio de uma conversa aparentemente tensa com alguns oficiais dos Bombeiros e da Polícia. Ele me viu e parou.

– E aí, amigo?

– Comandante, a Igreja é segura. Podemos ficar. Mas temos que traçar uma rota de fuga para as áreas que podem ser atingidas. As equipes podem continuar as buscas a vinte metros da margem até termos a certeza da estabilidade da outra barragem. Sugiro dedicar os esforços de buscas visuais por aeronaves e equipes percorrendo as margens a pé.

– Vai chegar mais gente, Farah. Tem tropa do Brasil inteiro vindo ajudar. A Aeronáutica está vindo pra fazer o controle de espaço aéreo. Então podemos voltar já com as equipes em campo?

– Sim, mas temos que pedir pra mineradora instalar de imediato um radar de monitoramento da barragem. Enquanto isso não for instalado, precisam colocar um responsável deles e também alguém dos Bombeiros pra ficar monitorando.

– Combinado. Pode dividir as equipes, enquanto eu alinho para o comandante-geral – ele prosseguiu. – Farah, os helicópteros já identificaram muitos corpos em pontos diferentes.

– Sim, senhor.

Eu já sabia que seriam muitos, mesmo assim aquilo ainda me incomodava.

Saí dali e chamei a Carol, o Ferreira e outros militares para uma breve explicação.

– Pessoal, vamos reunir as equipes aqui e primeiro fazer as buscas com as aeronaves. Deixaremos as equipes na base e assim que avistarmos vítimas vamos com as equipes a campo para fazer a retirada.

– Capitão, a maioria das equipes em campo já está fazendo algum tipo de recuperação, se elas pararem o que estão fazendo agora e vierem para cá podemos perder tempo de serviço – disse Selmo.

– Tem razão, Selmo. Vou pedir que somente as equipes que não estão em uma intervenção retornem para cá. Enquanto isso, podem se dividir em duplas para fazer uma varredura de helicóptero, mapeando pontos onde existam algum sinal de vítimas. Tenham cuidado. Pelo que a lama fez com casas e carros, pode ter feito o mesmo com as vítimas.

Era muito duro falar aquilo, mas era a realidade que eles enfrentariam.

Estávamos prestes a chegar na hora que ocorreu o acidente no dia anterior. Precisávamos adiantar tudo que podíamos enquanto houvesse a luz do sol. Já passava do meio-dia, o sol estava forte e queimava nosso rosto. A farda suja de lama pesava demais e arranhava o corpo. Os helicópteros decolaram com as duplas. E como eu não via as equipes retornando do campo, era um sinal de que quase todas permaneciam em algum ponto de intervenção.

Esperei que todos decolassem e embarquei numa das aeronaves do Rio de Janeiro. Refizemos todo o percurso da lama e voltamos em um voo baixo para tentar mapear mais pontos de intervenção. O nível da lama havia baixado um pouco, assim, conforme íamos avançando começamos a ver muitas vítimas sem vida. Uma cena muito triste.

A minha profissão me fez encarar a morte de perto.

Antes de me tornar bombeiro eu não tinha vivenciado a morte de alguém próximo. E quando comecei a trabalhar, sair para atender chamados e operações, eu sabia que isso passaria a acontecer e acreditava que teria que enfrentar isso em muitas ocorrências. Graças a Deus e ao empenho das equipes com quem estive envolvido, não foram tantas quanto imaginei no início, mas foram muito mais do que eu poderia entender, principalmente quando aconteciam muitas na mesma ocorrência.

No meu caso, ao invés de me acostumar com a morte, eu não conseguia aceitar que alguém não pôde ser salvo. Lamento muito quando vejo alguém normalizando uma morte num acidente de trânsito, num grande desastre ou até mesmo numa atitude suicida, justificando que "faz parte", "acontece" ou que tal pessoa poderia estar com um problema maior que o desejo de viver. Quando atendemos um caso de um tentante de suicídio, é justamente o contrário que precisamos mostrar, mesmo estando pendurados no alto de um edifício. Entendo que a morte faz parte do ciclo da vida, mas quando ela é interrompida bruscamente, causa revolta e indignação, além de muita tristeza.

– Farah, estamos com pouco combustível e temos que retornar.

– OK, comandante. Vamos pra base.

Pousamos, desembarquei da aeronave, retirei o capacete e a mochila que já estavam pesando absurdamente no meu corpo. Encontrei com as outras equipes e elas informaram que também tinham localizado muitas vítimas.

– Capitão, dá licença.

Olhei para trás e vi o tenente Tiago junto com o sargento Gil. Se eu achava que estava com muita lama é porque não tinha visto o Gil ainda.

– Capitão. entrei dentro daquele ônibus e a lama me engolfou todo. Fiquei só com a cabeça pra fora. Entrei em pânico.

– Que é isso, Gil. Você é bruto – disse o Selmo.

– Eu sei, mas essa lama aí é mais bruta que todo mundo aqui junto.

– Capitão, no ônibus parece ter muitas vítimas. Está muito difícil de tirá-las de lá, pois o solo tá muito fluido. E mais pra frente encontramos um outro local que parece ter muito mais. Acredito que seja o refeitório – disse o Tiago.

– Como assim, Tiago?

– O pessoal da empresa tá falando que a barragem rompeu na hora do almoço e devia ter mais de 300 pessoas no refeitório.

Trezentas pessoas só naquele lugar? Eu não queria acreditar. A área atingida era extremamente extensa e pela quantidade de vítimas que as equipes já estavam encontrando, aquela tragédia demonstrava seu tamanho e o trabalho que teríamos pela frente.

– O que você precisa, Tiago?

– Preciso de mais gente, pás, enxadas, sacos plásticos, água. Não sei quanto tempo vamos demorar lá não. Vão ser alguns dias.

– Até agora já mapeamos um, dois, três... doze pontos de intervenção e em alguns desses pontos temos mais de uma vítima. Temos que esperar chegar mais equipes para eu mandar para você lá.

– Positivo, capitão. Vamos seguir e informo o senhor.

– OK, Tiago. Outra coisa, 18h todo mundo de volta na base, ok?

Mais uma vez olhei para o pulso onde deveria estar o relógio indestrutível e não encontrei.

– 15h37 – disse a sempre atenta cabo Carol.

— Já?

Nesse momento fomos interrompidos por uma cena marcante.

O helicóptero Arcanjo rasgava o céu com uma rede de carga externa, trazendo algo pendurado. Não dava para saber ao certo o que era, mas nós já imaginávamos. Fui levantando aos poucos e todos que estavam ao meu lado também foram em direção da aeronave.

Chegamos no campo de futebol, retiramos a corda da rede de carga externa e quando abrimos a rede vimos três vítimas cobertas pela lama.

Senti um nó na garganta. Não era a primeira e não seria a última vez que receberíamos pessoas que perderam a vida naquela tragédia. Sabíamos que não seriam dias fáceis e que essa cena triste se repetiria várias e várias vezes.

Uma grande quantidade de repórteres se aproximou, assim como pessoas da comunidade que estavam em prantos. Apontei para alguns militares e eles foram na direção para distanciar e acalmar aquelas pessoas.

Eu olhava e insistia em não querer acreditar. Estávamos paralisados em frente delas, então abaixei a cabeça e em silêncio fiz uma oração. Acredito que todos também tenham feito o mesmo.

— Para onde vamos levá-los, capitão?

— Próximo da Igreja. Vou informar o comandante e ver com a Polícia Civil como proceder.

Cheguei no Posto de Comando e conversei com o tenente-coronel Ângelo, que também lamentou.

— Pode deixar, Farah. Deixa que eu ajusto com o pessoal da Polícia Civil. Como estão as buscas?

— Comandante, temos muitos pontos de intervenção onde já localizamos vítimas. O Tiago encontrou um ônibus e parece que também localizamos o refeitório.

— Entendi. Eu gostaria de conversar com a tropa quando todos estiverem aqui.

— Perfeitamente, senhor. Pedi que todos estivessem aqui às 18h.

— Vou fazer um sobrevoo com o comandante-geral. Tem muitas autoridades vindo para cá e ele está recebendo uma chuva de perguntas. Temos que assessorá-lo. Outra coisa. Fui informado que uma delegação de militares de Israel está vindo pra ajudar. Provavelmente você será o ponto focal deles para as operações.

— Israel, comandante?

— Depois eu te explico. Só afia seu inglês porque vamos precisar.

— Sim, senhor.

Minha cabeça estava explodindo. Saí da Igreja e fui até minha mochila para tentar comer algo, talvez uma barra de cereal. Foi só abrir a mochila que o Denílson se aproximou.

— E aí, comando?

— Vim pegar alguma coisa pra comer, Denílson.

Peguei a barra de cereal e, nem sei o motivo, reparei na data de validade. Estava escrito: "23 de março de 2018".

— Tá conferindo se vai comer, comando? Se não quiser, eu quero.

— Tá só um ano vencido. Se não tiver muito verde, eu posso te dar um pedaço.

Abri a embalagem e dei metade da barra para ele, que comeu sem nem olhar a cor. Ajudou, mas a fome ainda era muita. Lembrei do Theo, meu filho, outra vez.

— Cara, vamos ver se conseguimos alguma coisa de verdade pra comer aqui por perto.

— Oba! Vou pegar a caminhonete.

Tentei limpar um pouco a farda para não sujar a viatura, mas não adiantava. E percebi que ninguém devia estar muito preocupado com isso.

— Qual o rumo, comando?

— Desce a rua e vira à direita, logo depois daquela... — então algo chamou minha atenção — Denílson, para do lado daquela sinalização.

De longe consegui ver uma faixa reflexiva de sinalização utilizada para balizar áreas de mineração. Estava dentro de uma caminhonete da mineradora cheio de tubos de PVC. Denílson parou, eu desci e perguntei ao motorista:

— Boa tarde. Quantos desses tubos sinalizados você acha que consegue pra mim?

— Quantos o senhor precisar?

— 500. Pode deixar na Igreja, mas já vou pegar um aqui, ok?

Peguei e coloquei na caçamba da caminhonete.

— Pra que isso, comando?

— Volta pra Igreja. Tive uma ideia que pode nos ajudar a encontrar todas essas pessoas.

— E a comida?

— Depois a gente come. Agora a gente salva.

Voltamos para a Igreja e mostrei o tubo para o tenente-coronel Farley. Perguntei a ele se conseguiria ver do helicóptero, lá no alto, aquele tubo de sinalização no meio da lama.

— Acredito que sim. Vamos testar.

O tenente-coronel Farley foi para aeronave e decolou rápido. Logo encontrou um ponto de intervenção e, sem alguém precisar descer na lama, fixou o tubo com facilidade no rejeito. Então pedimos a outra aeronave, o helicóptero da Polícia Militar, que tentasse enxergar aquele tubo num sobrevoo. Pouco tempo depois eles retornaram e passaram a coordenada exata de onde estava o tubo. Funcionou!

O fim de tarde já se aproximava e mais helicópteros voltavam com mais vítimas. Aguardei mais um pouco e os militares começavam a chegar no campo de futebol, extremamente cansados. Havíamos completado um dia de operação e muitos estavam há mais de 24 horas sem dormir, assim como eu.

Mas já dava para perceber que o número de pessoas envolvidos com aquela operação era muito maior. Eu tinha controle dos militares do BEMAD, mas havia vários de outras partes. Era preciso saber o número exato de pessoas que seria empregado naquela operação. Peguei um papel e caneta e comecei a anotar.

— Atenção, senhores! Cada chefe de equipe, confira se seus miliares estão bem, limpem-se, hidratem-se e me passem o anúncio. Queremos liberar vocês o quanto antes para descansar. Prometo que não será demorado.

Os chefes vinham e me passavam de onde eram e eu anotava no papel.

— Capitão, tropa do 4º BBM de Juiz de Fora. Total de vinte e três em campo — disse o capitão Tristão, um velho amigo da época de academia e militar extremamente dedicado que havia feito Curso de Operações em Desastres, em 2014.

– Obrigado, Tristão. Bom ver você aqui, amigo.

E assim seguiram se apresentando outros grupos. Era nítida a cara de satisfação de todos que estavam ali. E a presença deles de forma organizada seria fundamental para cumprirmos aquela missão.

– Farah, vou falar de uma vez e depois você confere a tropa, pode ser? Assim liberamos todos para descansarem – disse o tenente-coronel Ângelo.

Ele tinha o mesmo pensamento que eu. Não gostava de ficar prendendo a tropa, era prático e sabia que o descanso seria muito importante em uma operação como aquela, pois a jornada seria longa.

– Senhores, completamos as primeiras 24 horas e ainda teremos muitas horas e dias aqui. Essa pode ser a operação mais difícil que alguns dos senhores enfrentarão. Sabemos que o cenário, além de perigoso, é extremamente desgastante. Então peço que prezem pela segurança e que cuidem do companheiro ao lado. Que você seja o responsável por trazê-lo de volta a essa base para mim, para o capitão Farah e para que os outros oficiais tenham a tranquilidade de devolvê-los às suas famílias. Como diz o coronel Willian: "segurança acima de tudo".

Ele prosseguiu:

– Ao lado da Igreja foi montado um posto de atendimento, que conta já com médicos, enfermeiros e psicólogos, caso qualquer um de vocês precise. Caso alguém precise ir embora por motivo de força maior, procure o capitão Farah. Faremos um novo planejamento essa noite o e amanhã passaremos para que os senhores. O café da manhã deve ser reforçado, pois não sabemos quando as equipes devem retornar de uma área de intervenção. Já temos a divisão das equipes por locais de pernoite. Por enquanto, conseguimos algumas casas na região para os senhores. Ainda não temos água restabelecida, mas temos um caminhão disponível para limpeza grossa da farda e de materiais e um caminhão pipa está chegando para abastecer caixas d'água. Então, podem descansar. A chamada será às 5h30. À comando dos chefes de equipe.

Os militares se reuniram com os chefes de equipe que já estavam com os locais de pernoite. Uma leve chuva começou a cair enquanto o sol se punha. Aproveitei e retirei minha farda para tentar lavar, pendurando numa grade. Então eu me encontrei com o tenente Tiago.

– Já sabem onde vocês vão ficar?

– Já sim.

– Beleza. Eu estarei aqui. Qualquer coisa me chama. Vou fazer o novo planejamento, mas já te adianto que sua equipe continuará nas operações do ônibus. Devo colocar mais militares que estão chegando para ajudar vocês, ok?

- OK, capitão.

Fui para dentro da Igreja reunir toda a informação que tínhamos coletado durante o dia, além de mapear os principais pontos de intervenção que deveriam ser sinalizados com os tubos. Lá dentro vi uma mesa improvisada com um notebook, um caderno, um mapa da região e meu nome:

CAPITÃO FARAH – CHEFE DE OPERAÇÕES

Comecei a colar *post-its* no mapa para balizar nossas buscas e a organizar as ações cronologicamente desde a hora do chamado até aquele momento. Era muito importante aquelas informações estarem visíveis para todos e de fácil entendimento para que qualquer um que pudesse vir a assumir aquela operação. Ele precisaria saber tudo que já tinha sido feito e todos os objetivos que ainda teríamos que cumprir.

Então comecei a pregar tudo nas paredes da igreja, contando com a compreensão de todos os santos que ali estavam me observando e até mesmo nos cuidando. Eu escrevia folhas grandes e pregava. Até que cheguei em algo que me chocou:

NÚMERO DE DESAPARECIDOS 632

NÚMERO DE RECUPERADOS: 16

A princípio, eu não quis anotar aquilo. De alguma maneira pensei que aquele número não poderia ser real. Aquilo era bem mais do que ouvimos ao longo do dia, mas compatível com a possibilidade de um refeitório cheio, uma pousada lotada e a sequência de corpos que começamos a ver quando a lama começou a abaixar um pouco.

O número alto de vítimas de uma tragédia certamente demonstra a amplitude de seu impacto, mas para nós se fosse apenas uma vida perdida já seria importante demais. E se é assim para os Bombeiros, entendo que esse sentimento seja potencializado para cada um dos familiares e amigos de cada vítima.

Então, por mais que aquele fosse um número assustador, não faltaria esforço dos Bombeiros e dos demais envolvidos nas buscas. Em

Brumadinho, muito dificilmente conseguiríamos ajudar alguém com vida preso na lama. A nossa missão ali passaria a ser zerar aquele número de desaparecidos. Não aceitaríamos deixar uma família sem resposta e sem o direito de encerrar aquele ciclo ao menos com dignidade.

Eu esperava que fizéssemos isso de duas formas, por intermédio da continuidade sem fim dos esforços de todos envolvidos nos resgates, além de uma verificação mais profunda na lista, que poderia conter repetições. Quando eu vi a lista com os nomes, senti um certo alívio, pois percebi que alguns estavam incompletos ou como apelidos, algo muito comum em pequenas comunidades do interior. Então, além de seguir as buscas, restava pedir a Deus e ao pessoal da Defesa Civil e equipes de apoio que aquele número pudesse ser bem menor.

Sentei em frente ao computador e comecei a traçar os pontos onde cada equipe havia localizado uma ou mais vítimas, indicando as coordenadas. Comecei a escrever.

VÍTIMA 1 – Encontrada na coordenada "X" – próximo ao ônibus.

Olhei para aquilo e me incomodei muito. "Vítima 1"? Um número? Não, eu não podia aceitar. Aquelas pessoas não eram um número, elas têm história e família.

Fui até a parte de fora e vi uma policial civil próximo dali.

– Com licença, você consegue contato com o responsável pela perícia? Preciso confirmar algumas informações sobre as vítimas que estamos localizando.

– Posso conseguir para o senhor.

– Obrigado.

Voltei para continuar o meu trabalho. Naquele primeiro momento comecei a dar nomes aleatórios para as vítimas. Eu nem sabia se era homem ou mulher. Eu escolhia um nome para não me esquecer e tentar humanizar mais um pouco aquele processo doloroso. Pelo menos agora seriam pessoas.

Quase uma hora depois a policial voltou com o número do Instituto Médico Legal. Agradeci e peguei o telefone, mas quando fui ligar vi mais uma inundação de mensagens que haviam chegado. A maioria era de número que eu nunca tinha visto na vida e pediam a localização de parentes.

"Um amigo perdeu um parente chamado Adriano que estava no refeitório"

"Essa é a possível localização do Marcelo"

"Este é o número do Leonardo. Ainda estava chamando"

Nem sei como as pessoas haviam descoberto meu número de telefone. Mas quando vi essa mensagem uma luz surgiu na minha mente. Poderíamos também utilizar a localização dos celulares para encontrar o último ponto das vítimas.

Eu precisava me concentrar e não perder o foco. Onde eu estava mesmo? Vi o papel em cima da minha mesa. IML. Liguei e conversei com a responsável. O nome dela era Patrícia.

Expliquei toda a situação, pensando que ela acharia ridícula aquela história de não dar um número, mas ela me apoiou e foi me descrevendo as características de cada uma das vítimas que estavam lá para me ajudar a escolher nomes e colocar no relatório, como uma idade aproximada, sexo, tipo de roupa, se estava vestida com algum uniforme e qualquer outro detalhe.

— Muito obrigado, Dra. Patrícia. A senhora nos ajudou muito.

O IML tinha que fazer parte daquele momento, pois infelizmente estávamos encontrando pessoas já sem vida. E o instituto foi imprescindível no processo de identificação, principalmente em Brumadinho, quando muitas vítimas só puderam ser identificadas através de teste de DNA.

Assim que desliguei o telefone, o tenente-coronel Ângelo entrou na Igreja.

— A reunião foi longa lá, Farah. Nossa sorte é que o coronel Estevo é extremamente prático e está conduzindo de forma única. Como posso ajudar aqui, amigo?

— Comandante, será que conseguiríamos acessar a última localização do sinal de celular dos desaparecidos?

— Excelente, Farah. Deixa comigo – respondeu, mais uma vez dando seu total apoio.

Já passava de meia-noite e eu mal havia visto aquele dia passar. Dali a cinco horas as equipes já estariam de pé e eu ainda não tinha feito o novo planejamento.

Peguei a lista com o número de militares de cada unidade, fui para frente do mapa do local e colei mais *post-it*, agora com o nome de cada chefe de equipe que iria atuar em cada área. Tentei distribuir o melhor possível, deixando alguns militares para tripular as aeronaves que deveriam identificar as áreas de intervenção com os tubos de sinalização e também para os atendimentos emergenciais de moradores isolados. Eram tantas tarefas que o plano de ação ficava cada vez maior. Lá pelas 4h decidi descansar um pouco.

Passei a mão no rosto e já me sentia o Papai Noel de tão grande que estava a minha barba. Abri a minha mochila e encontrei um barbeador, aquele mais bruto com uma lâmina. Fui até o banheiro para passar uma água no rosto e lembrei que não tinha água. O jeito era fazer no seco mesmo. Fiz o que pude, pois meu olho já estava pesando demais e precisava descansar. Fui para o altar e enchi meu colchão inflável de campanha. Fiz um sinal da cruz e me deitei. Fechei os olhos, mas eu não conseguia dormir. Minha cabeça não parava. Pensava no radar de monitoramento, nos sinais de celulares, nas equipes que viriam de outros estados e até de Israel, no café da manhã da tropa, onde os militares estariam dormindo, se tinha alguém machucado, quantas vítimas já haviam sido encontradas...

Era um fluxo absurdo de pensamentos que eu tentava controlar, morrendo de sono, mas não conseguia dormir. Fechava os olhos e enxergava a imagem da primeira vítima que vi soterrada e não consegui tirar. Fechava novamente e via o helicóptero com a rede de carga externa carregando as três vítimas. Será que aquelas famílias já sabiam? Quantos pais e mães estavam esperando seus filhos voltar para casa? Quantos filhos estavam esperando seu país e mães voltarem para eles?

Novamente lembrei dos meus filhos. Eles também esperavam o pai retornar. Será que eu deveria ligar aquela hora da madrugada? Não, se ligasse eu mataria a Renata do coração antes mesmo dela atender. Deveria mandar uma mensagem. Mas a Renata tinha um sono leve, se acordasse ficaria preocupada da mesma forma e não conseguiria mais dormir. Levantei, peguei o celular e comecei a escrever uma mensagem. Lembro o horário: 4h23. Minha vista começou a ficar embaçada, meu braço começou a pesar e meus olhos fecharam.

Até que uma sirene começou a tocar.

NINGUÉM FICA PARA TRÁS

— Rompeu a barragem? — perguntei assustado.

Eu não sabia se estava sonhando, se era coisa da minha cabeça. Estava escuro ainda. Peguei o relógio indestrutível no bolso e vi que era 5h05. Os outros bombeiros que estavam lá também levantaram. O tenente-coronel Ângelo já estava ali de pé.

— Não sei, Farah!

Parecia mais um barulho de um motor e não de uma sirene de alerta. Eu estava com roupa de educação física, fui até a mochila e coloquei a farda reserva, já que a outra estava tomando chuva para tirar a lama. Calcei o coturno rapidamente e saí para a parte externa.

Não era possível ver muita coisa à nossa frente. Ainda estava escuro e havia uma neblina forte que tomava conta do local, junto com uma garoa fina.

— Farah, tem certeza de que estamos seguros aqui?

— Pode ficar tranquilo, comandante. Estamos cem metros acima da mancha de inundação.

— Ok. Então avisa todo mundo pra reunir aqui imediatamente.

— Sim, senhor!

A tropa já devia estar acordada, pois a chamada seria às 5h30. Mesmo assim liguei para o Tiago e pedi para todos se deslocarem para o campo de futebol.

Logo após solicitei informações pelo rádio da situação da barragem, mas ninguém respondia.

O tenente-coronel Ângelo fez contato com o comandante do BOA – Batalhão de Operações Aéreas.

— Alexandre, aqui é o Ângelo. Cara, tocou a sirene aqui e precisamos das aeronaves agora.

— O que tá acontecendo? – o comandante da delegação do Rio de Janeiro apareceu ali com cara de preocupado.

— Rompimento real ou risco iminente, comandante.

— Mas e aí? Como que a gente fica?

— Aqui não tem perigo – respondi a ele.

Eu tinha analisado os mapas e sabia que se a barragem tivesse rompido nós estaríamos bem naquele local, mas as outras pessoas não tinham visto o mapa ou nem sabiam o que era uma mancha de inundação, por isso havia um olhar de temor. Tentei fazer contato mais uma vez no rádio para saber o que realmente estava acontecendo, qual era o motivo daquela sirene ter sido acionada, mas não obtinha resposta alguma. Aquilo ficava mais estranho.

Os Bombeiros começaram a chegar no campo de futebol.

– Confiram suas equipes e me passem o anúncio! – gritei para aqueles que já haviam chegado.

Ninguém poderia ficar para trás.

– Fala, 01!

Eu conhecia aquela voz.

– Uai, João.[4] O que você está fazendo aqui?

– 01, eu vi na televisão que o pau estava quebrando aqui. Então peguei meu carro e vim. Tava dormindo ali dentro dele, só esperando o pessoal acordar para me apresentar. Vim ajudar, nem que seja pra ser o Aluno do Café.

– Cara, bom te ver aqui. Fica aqui do lado. Estamos reunindo a tropa e o comandante pediu aeronave para tirar todo mundo daqui.

Tentei mais uma vez contato com o Posto de Comando na faculdade e finalmente obtive uma resposta.

– Capitão Farah, aqui é do Posto de Comando. Não temos informações de rompimento. A princípio está tudo normal.

– Recebido. Obrigado!

Outro alerta falso? Não era possível. Isso só adicionava tensão na operação e nas equipes. E dessa vez ainda tinham tocado a sirene.

– Comandante, se o senhor permitir, vou mandar uma equipe na barragem para verificar o que aconteceu. Pelo visto estamos sem teto e as aeronaves não vão conseguir chegar rápido aqui.

– OK, Farah.

Tinha visto o Denílson de longe e fiz sinal para ele, que acelerou o passo.

– Denílson, vai com o João Gustavo até o ponto mais próximo da barragem e procura saber o que tá acontecendo. Leva um rádio e me passa a situação, mas pela faixa administrativa para não assustar todo mundo. E tomem cuidado.

---

[4] João Gustavo foi apresentado no livro *Líder, um especialista no impossível* (Vestígio, 2020), quando ainda era um aspirante e, durante uma operação, revelei a ele sobre a importância do Aluno do Café no curso.

Eles partiram imediatamente. Enquanto isso, os Bombeiros já estavam reunidos no campo de futebol e o tenente-coronel Ângelo alertou:

– Senhores, tivemos um alarme de rompimento ou de risco iminente. Não sabemos mais. Fiquem tranquilos, pois estamos seguros neste local. Peço a vocês que se preparem.

Assim que o tenente-coronel Ângelo liberou a tropa, meu rádio chamou. Era o João Gustavo.

– Prossiga, João.

– Capitão, segundo os funcionários da empresa eles tocaram o alarme pois ouviram um barulho forte de água e barro descendo. Parece que é da barragem que já rompeu.

Ufa! Que alívio. Mas também que raiva. Dessa vez só não era alguém que havia feito um chamado no rádio, mas apertado o botão de uma sirene. Esse tipo de alerta seria mais um fator que teríamos que lidar, considerando que seriam muitos dias ali. Entendo que todos ainda estavam muito assustados e que a precaução era muito importante, mas não poderíamos criar mais tensão para aquele cenário. Precisávamos agilizar o monitoramento da barragem, do contrário teríamos problemas.

– Ok, João. Podem voltar.

Com a confirmação que estava tudo bem, aproveitei a tropa reunida, informei o motivo da sirene e já comecei a passar as informações para aquele dia. Peguei um mapa na Igreja e comecei a mostrar os locais de intervenção. A maioria deles ainda não tinha noção do tamanho da área atingida, não tinha ido em operações após rompimento de barragens, nem noção de como se constrói uma barragem de rejeitos.

O que você não conhece pode matá-lo. É comum a ideia de que barragem é um muro de concreto que segura água, mas não é tão simples. Todos os militares que estavam no BEMAD e aqueles que já fizeram nosso Curso de Operações em Desastres tiveram a experiência de entrar em uma piscina de lama e ficar atolado até a altura do pescoço, mas muitos que estavam ali não fizeram esse treinamento e isso preocupava.

Por isso era muito importante aquele *briefing* inicial, explicando a segurança do local, como montar uma rota de fuga, os cuidados no embarque e desembarque de aeronave sobre a região com lama. O coronel Estevo tinha sido bem claro quanto à segurança e ninguém ali queria causar um novo acidente e aumentar o número de vítimas da operação.

– Senhores, cada equipe será designada para uma frente de trabalho específica que foi mapeada, onde há evidências de vítimas. Pelo que apuramos até agora são muitas vítimas. É muito importante que os senhores identifiquem as coordenadas onde cada vítima foi encontrada. Toda vítima será catalogada para tentar identificar a provável localização na hora do rompimento.

Eu já sabia que aquela operação levaria muitos dias e que provavelmente eu não poderia estar ali o tempo todo. Então, muito do que poderia ser feito dependeria dos procedimentos iniciais que adotássemos nos primeiros dias. Se não tomássemos cuidado poderíamos fracassar a qualquer momento. Mesmo em um cenário com centenas de vítimas, no qual as características do desastre nos impediram de salvar vidas, estávamos lá para dar uma resposta para cada um dos familiares e amigos que precisavam fechar esse ciclo. Mesmo não sendo a missão que todos ali mais desejavam, era nisso que precisavam focar.

Muitas vezes em desastres de grande impacto e com muitas vítimas, nem todas podem ser localizadas por diferentes motivos, seja pela amplitude do local atingido, falta de recursos e de tempo, ou por um risco maior que a área oferece. Em Mariana, quando a lama percorreu muitos quilômetros, dos 19 desaparecidos conseguimos ajudar 18 famílias. Na tragédia com o desabamento das Torres Gêmeas em Nova York, no dia 11 de setembro de 2001, quase metade das 2.753 vítimas não puderam ser localizadas. Como seria em Brumadinho?

Antes de todos os plantões, operações e treinamentos que estive à frente, eu fazia uma oração com minha tropa. Era um pedido de proteção, de luz nas decisões e da sabedoria para nos conduzir em meio a tantas incertezas.

O tenente-coronel Ângelo sabia que eu fazia isso, pois era nosso comandante no BEMAD e foi o coordenador do CSSEI. Tomei a liberdade de pedir para reunirmos a tropa e pedir proteção. Ele concordou e fizemos um grande círculo. Quando olhei aquela quantidade de militares juntos ali, eu me emocionei.

Olhei para o tenente-coronel Ângelo, perguntando se queria conduzir a oração, mas ele fez o sinal com a cabeça para que eu pudesse falar. Passava das 6h30, a neblina ainda era densa no local e tinha parado de chover.

Ali fizemos a primeira de muitas orações e, independentemente de crenças e religiões daqueles homens e mulheres, tenho certeza de que esse momento fazia diferença para iniciar mais um dia. Vi militares abraçados, de olhos fechados, emocionados, reunidos pela fé e esperança. Certamente foi um dos momentos mais transformadores que vivi ali em Brumadinho e ao longo de minha carreira.

Assim que terminamos, aproveitei para mandar para minha família aquela mensagem interrompida pelo sono e pela sirene.

Sete da manhã e o tempo estava fechado. Nenhuma aeronave tinha chegado ainda. Eu não podia deixar as tropas esperando muito tempo. Sugeri ao tenente-coronel Ângelo para enviarmos algumas equipes por via terrestre mesmo. Ele concordou e elas foram liberadas.

Somente por volta de 8h o tempo melhorou e as aeronaves chegaram rápido no local.

— Fala, Farah! Só assim pra gente se ver, hein? – disse o Roberto BK, piloto da Polícia Civil que já tinha participado de várias operações com a gente.

Eu não fazia a mínima ideia porque o chamavam de BK, mas algumas pessoas tinham apelidos nos Bombeiros e eu também não sabia o motivo. Latinha, meu padrinho de "casamento", era um deles. Tinham outros, como Cara de Kombi, Cara de Broa, Pateta, Burro Cego, Cara de Areia Mijada, Sopão, Caixotinho, Tale Corda… Eram tantos apelidos que muitas vezes tinha que ler no uniforme deles pra lembrar o nome verdadeiro. Para mim o melhor era Pomba Triste e Pulga Prenha. Sei que algumas pessoas me chamavam de Faraó. Eu nunca perguntei, mas acho que deve ser pela sonoridade do sobrenome, pela descendência ou por outra razão que era melhor nem saber.

— Farah do céu, que cara é essa, meu irmão? Sono? Peraí que vou pegar um negócio pra você.

Ele pegou sei lá de onde um tubo e me deu.

— Toma aqui, irmão. É pastilha energética. Lá em cima não tem acostamento e se der sono eu tomo uma dessa. Sempre resolve.

Agradeci e botei logo a pastilha na boca para ver se era boa mesmo, afinal se ele era piloto de helicóptero e tomava aquilo, não haveria problema.

— Não, Farah! Tá doido! Tem que diluir isso em uma garrafa de água.

Cuspi a pastilha e ela caiu no chão, mas como não tinha passado a "regra dos quatro segundos", peguei de volta e dei uma limpada.

— Valeu por avisar, BK! — eu agradeci a gentileza da pastilha e do aviso, mesmo tardio — Pode entrar. Separaram uma seção para as operações aéreas. A major Karla é a responsável. Ela está já distribuindo as missões das aeronaves.

Fui em direção ao local improvisado para refeições e peguei uma garrafa d'água. Coloquei a pastilha dentro e fui tomando.

Eu precisava fazer um novo sobrevoo para ver como estava a situação naquele dia. Embarquei no helicóptero, levando alguns canos de PVC para sinalização. O voo seguiu até o deságue no Rio Paraopeba. Infelizmente, tivemos que usar todos os canos e ainda faltaram alguns.

Retornamos ao Posto Avançado e eu sentia fome. Acho que aquela pastilha acordou meu estômago. Vi que o Denílson se aproximava com as mãos recheadas.

— Capitão, montaram uma lanchonete. Tem fruta e sanduiches. Vou te levar lá porque já paguei tudo para o senhor — disse o Denílson com seu bom humor.

Fui até lá e perguntei para um rapaz novo que estava por ali.

— Bom dia. Qual seu nome?

— É Lucas — ele me respondeu, fazendo uma continência com a mão toda aberta.

— Tudo bem, Lucas? Está cuidando da gente aqui?

— Sou voluntário da comunidade do Córrego do Feijão.

Eu peguei um sanduíche, abri rapidamente e dei uma mordida sem cerimônia, que me devolveu mais alguma energia e algum bom humor.

— Já que você veio até aqui para ajudar esse bando de militar faminto, deixa eu te ensinar uma coisa — então fiz o sinal de continência pra ele. - É com a mão direita que se faz.

— Mas eu sou canhoto, senhor — ele me respondeu espontaneamente, tirando um sorriso do meu rosto.

— Mas não existe continência com a mão esquerda. É sempre com a direita, ok? A continência tem três tempos: atitude, gesto e duração. O polegar tem que ficar junto dos dedos.

— E eu tenho que "bater continência" pra todo mundo aqui?

— "Prestar continência". E não se preocupa com isso. Não tem que fazer pra ninguém. Já está fazendo muito de ficar aqui pra ajudar.

— Já que você quer aprender umas coisas, eu vou te ensinar uma pra você espalhar para seus outros amigos aqui — disse o cabo Denílson já se intrometendo.

— Lá vem — disse o João Gustavo que estava próximo e conhecia o Denílson.

— Os três que mais mandam no meio militar são os 3 Cs: Cabo, Capitão e Coronel. O que eles pedirem, tem sempre prioridade.

Alguns militares extremamente competentes, esforçados e que entregavam sua vida em uma missão arriscada como aquela, tem a capacidade e a perspicácia de trazer alguma leveza para ambientes pesados, sem ultrapassar o limite de sua responsabilidade e do respeito com o outro. Esse era o clima que sempre alimentávamos no BEMAD. Isso ajuda a tornar o trabalho mais envolvente, o grupo ainda mais forte, unido, e todos interessados em fazer parte do time, tendo motivos positivos para estar lá, apesar de tantos problemas para superar. Não importa tanto o tamanho da missão, pois ela deveria ser cumprida e por mais que fosse um momento muito difícil são pessoas que estão ali e precisam se sentir bem e estar motivadas para fazer o seu melhor.

— Obrigado novamente, Lucas — eu preferi encerrar logo o assunto, antes que o Denílson continuasse.

— Obrigado a vocês — respondeu aquele jovem voluntário, prestando continência corretamente dessa vez.

Saímos dali de perto e nos sentamos em um banco que estava próximo.

— Capitão, eu estava ouvindo no carro ontem... É verdade que podemos passar a 500 mortos? — perguntou João Gustavo.

— Não sabemos ainda, João.

— E como vamos fazer para encontrar esse tanto de gente, capitão?

— Se preocupa com um. Esse um já importa muito. Depois que achar um, vamos achar outro, depois outro... Infelizmente não temos mais como reduzir o número de vidas perdidas, mas podemos ajudar no número de vidas salvas e de pessoas ajudadas ao menos com uma resposta.

Assim que terminei de falar vi três aeronaves chegando com suas redes externas carregadas. Cada vez que ouvia um motor de um helicóptero chegando, sabia que ali estava mais um sonho interrompido. Cada um trazia o fim da esperança de uma família.

Eu ficava imaginando o dilema que os parentes e amigos viviam ali. Ao mesmo tempo que precisavam de uma resposta sobre a localização de uma pessoa desaparecida, aquilo também era o fim de uma história que estava sendo escrita. É muito duro, mas apesar de todas as dores as famílias e os amigos precisavam encontrar forças para seguir em frente. E nós precisávamos ajudá-los a seguir sua história de outra maneira.

No final daquele dia, as tropas retornaram, pois já estava escuro. Liberamos todos e ficamos só com os chefes das equipes para termos o *feedback* da operação e tentarmos melhorar o planejamento para o dia seguinte. Eu tinha ido a campo somente na parte da manhã, mas minha farda estava totalmente suja e também resgada.

Assim que liberei todos, tirei a farda e pendurei na cerca para que a chuva lavasse novamente. Peguei a outra farda menos imunda e levei para dentro da Igreja. A rede de água não tinha sido restabelecida, mas um caminhão pipa havia enchido uma caixa d'água. Tínhamos energia e eu iria tomar um banho, o primeiro em três dias.

Eu fiquei esperando o tenente-coronel Ângelo voltar da reunião do Posto de Comando na faculdade para comer algo juntos e aproveitar para nos atualizar e tomar algumas decisões. Ele chegou por volta das 23h, passou as instruções dos comandantes e informou que a tropa de Israel iria chegar no dia seguinte.

Depois de comer, peguei um café, claro. Eu tinha muitos pontos para colocar no mapa e novamente a noite seria longa. Todos estavam dormindo, mas o tenente-coronel Ângelo ainda estava acordado na parte de fora da Igreja.

— Vai dormir não, amigo?

– Vou só terminar de incluir esses novos pontos no mapa, comandante. Se a sirene não tocar outra vez, teremos noites mais tranquilas até voltarmos pra casa.

– É. Mas sabemos que não tem previsão de ir pra casa. Vai descansar um pouco. Eu vou também. Boa noite!

– Boa noite, senhor. Pode apagar a luz.

Peguei o celular para conferir as mensagens que eu tinha recebido. Uma delas era de um médico amigo, Dr. Fabio Racy. Ele queria saber como eu estava e lembrava de uma palestra que eu havia ministrado para o Hospital Albert Einstein. Na foto que ele enviou, eu aparecia junto com um slide com os seguintes dizeres:

"É melhor planejar em tempos de paz, do que gerenciar o caos"

Aquela mensagem era bem propícia para aquele momento em que muitas coisas tinham que ser feitas ao mesmo tempo. Lembrei novamente do curso que realizamos menos de dois meses antes e quando Brumadinho era uma pequena cidade que vivia em paz. Coloquei mais alguns pontos no mapa e depois não me lembro de mais nada.

ATÉ QUANDO SEU CORAÇÃO MANDAR

Terceiro dia. Acordei debruçado sobre o notebook e até percebi as marcas das teclas no meu rosto. Conferi as horas: 4h15. Liguei o computador, preocupado em ter perdido tudo que havia feito por dormir sobre o teclado, mas estava lá.

Vi as coordenadas das vítimas já localizadas e me reacendeu um sentimento de tristeza e de agonia. Todos ali estavam se esforçando ao máximo, mas precisávamos encontrar formas de tentar acelerar as buscas e permitir que aquelas famílias pudessem seguir em frente.

Apesar de poucas, aquelas quatro horas de sono tinham me ajudado. De repente fui interrompido pelo despertador. Já era hora de iniciar mais uma fase da operação. Percebi que minha farda estava realmente suja, então fui conferir aquela que deixei pendurada na grade do lado externo para tomar chuva e tirar um pouco da lama. É bem ruim vestir uma farda molhada e cheia de lama, principalmente no momento de vestir, dando uma espécie de choque térmico. Peguei a farda que estava no varal improvisado e ao colocar a parte de cima não pude deixar de esboçar uma expressão terrível ao vesti-la.

— Bom dia. Tá pesado, né capitão?

Olhei e era uma senhora, uma voluntária. Ela já deveria estar por ali há alguns dias, pois já sabia minha função.

— Bom dia, senhora. Tudo bem?

— Tudo. Desculpe, mas vi a cara que o senhor fez na hora de colocar seu uniforme.

— Ah sim... é porque ainda está um pouco molhada e a outra rasgou no primeiro dia. Mas nada que vá nos desanimar.

— Eu tenho certeza disso. Por que o senhor não me dá a farda para eu tentar costurar e te entrego no final do dia?

— Não se preocupe, senhora. Eu tenho um kit de costura na minha mochila, justamente para isso. Mas ainda não deu tempo de parar pra costurar.

— Por favor, capitão. Eu estava ajudando na alimentação, mas o que estou fazendo é pouco e quero me sentir mais útil aqui. Se eu puder fazer isso, o senhor vai fazer eu me sentir bem.

— Então tá. Vou pegar a outra farda. Qual é mesmo o nome da senhora?

— Doroti.

Eu confesso que não a reconheci, pois alguns voluntários se juntaram a nós logo no primeiro dia e, apesar da gratidão, minha atenção estava mais direcionada aos militares e às vítimas.

Entrei e peguei a farda rasgada e suja de lama. Fiquei até com vergonha de entregar daquele jeito. Era uma calça e uma gandola. Encontrei com a Dona Doroti na porta da Igreja e entreguei assim mesmo, pois acreditei que isso poderia permitir aquela senhora se sentir parte da equipe. Não era mais um problema para as pessoas que estavam ali sofrendo e vivenciando aquele ambiente triste. Era justamente uma oportunidade de preencher o vazio com algo que faria muita diferença.

– Olha, a senhora não precisa mesmo se preocupar. Eu já estou acostumado com a lama e tenho um kit costura...

– Capitão, será uma honra. Mais tarde eu entrego para o senhor.

Ela pegou a farda e saiu.

Ainda tinha muito para fazer. Assim como no dia anterior o tempo estava fechado, as aeronaves não tinham chegado no campo de futebol, o solo ainda estava muito fluido e não tinha sido possível empregar os cães nas buscas.

Havia uma frase em um quartel de Santa Catarina que dizia: "Um latido, uma esperança". Essa era nosso sentimento ao utilizar os cães. Sempre que eles sinalizavam algo nos dava uma esperança de encontrar uma vítima, se possível, viva. Mas essa era mais uma dificuldade da operação, já que os cães de busca não conseguiam rastejar naquela lama ainda e precisaríamos esperar mais tempo para contar com a importante ajuda deles.

Por volta das 7h as aeronaves já estavam lá. Eram vários helicópteros. Pude contar nove aeronaves no campo de futebol e mais três na parte de trás da Igreja. Doze no total. Já era possível o emprego das tropas em campo por via aérea. Nesse momento já estávamos com o apoio dos Bombeiros de São Paulo, Santa Catarina, Rio de Janeiro, Paraná, Espírito Santo, Força Nacional, Polícia Federal e uma infinidade de recursos. O ambiente parecia a cena de algum filme de guerra.

Assim que liberamos as equipes resolvi dar mais uma verificada na situação da barragem, que ainda me preocupava. Sobrevoamos o local e pude ver que radares de monitoramento estavam sendo montados. Isso deixaria a todos ainda mais seguros, já que agora poderíamos ter uma precisão milimétrica sobre o nível do barramento.

Retornei para a base. Assim que pousamos, o João Gustavo me avisou:

– Chegaram mais quatro vítimas, senhor.

— Ok, João.

— E já que o senhor será o responsável, o tenente-coronel Ângelo pediu pra avisar que a delegação de Israel chegará aqui hoje à tarde.

Contar com a colaboração de uma equipe estrangeira dava a certeza de que aquela catástrofe tomou rapidamente um contorno internacional. Os israelenses teriam uma experiência importante para compartilhar. Nem tanto em termos de equipamentos, pois o material que eu sabia que eles tinham e que vi em um curso no Chile era um tipo radar de localização de escombros, que eu não acreditava que funcionasse bem para identificação na lama. De qualquer forma a presença deles ali seria uma oportunidade de trocarmos conhecimentos e técnicas de busca e salvamento, além de uma demonstração de empatia entre pessoas e nações que convivem a uma grande distância.

Retornei ao mapa para registrar as vítimas localizadas e comecei a preparar uma breve apresentação em inglês para a delegação de Israel. Fiquei imaginando como seria difícil chegar em um país com uma língua e uma cultura totalmente diferente para ajudar a fazer. E como explicar para eles o que tinha acontecido? Para nós, infelizmente, esse tipo de desastre não era uma novidade.

Percebi um fluxo constante de pousos e decolagens. Mais quatro aeronaves chegaram trazendo vítimas. A operação de identificação dos pontos que direcionava as equipes de buscas estava funcionando e acelerando muito nosso processo de resgate das vítimas. A lista de desaparecidos também estava sendo atualizada e o número reduzia lentamente, mas reduzia.

Apesar da intensidade, estávamos conseguindo administrar a situação. Então eu queria olhar como estavam os trabalhos em campo. Embarquei num dos helicópteros que seguia para uma das zonas de intervenção.

Cheguei ao local e uma guarnição do Rio de Janeiro estava trabalhando em conjunto com outra de Minas Gerais, retirando vítimas de dentro de uma caminhonete. Encontrei um ex-aluno, o capitão Barbosa, que me recebeu calorosamente com um abraço.

— Poxa, Farah, ainda não tinha falado com o senhor.

— Quanto tempo, hein Barbosa?

— Sim. Desde o curso que não nos víamos.

– Como está a situação aqui?

– Tá bem complexa. O veículo está aqui, mas deve estar dois metros abaixo. Cada vez que começamos a cavar, a lama invade o buraco de novo e temos que recomeçar.

Se eles continuassem daquela maneira não iriam sair dali. Fiquei observando o local e pensando em quantas pessoas estavam naquele veículo, quantas áreas de intervenção estariam com a mesma dificuldade e quais outros problemas as equipes poderiam ter. Meu pensamento foi longe.

– ... que isso iria acontecer – perguntou Barbosa sem eu ter pegado o que ele estava falando antes.

– Desculpa, cara. Não ouvi o que você falou.

– Disse que o senhor falou que isso iria acontecer de novo. Lembra? Foi depois de Mariana, naquela palestra no Hospital Albert Einstein.

– É verdade. Eu até recebi uma mensagem do Dr. Fabio.

Lembrei da palestra sobre salvamento em áreas deslizadas. Então peguei a garrafa d'água que estava na minha mochila e joguei na lama. Funcionou.

– Barbosa, pede para cavar uma vala, do carro até aquela área mais baixa. Uma vala em formato de rampa. O carro tem que ser a parte mais alta e lá a parte mais baixa. Se a lama está fluida, vamos deixar escorrer e drenar, assim vamos conseguir "secar" o terreno e fazer o resgate. Entendeu?

– OK, 01. Pode deixar.

Um dos maiores problemas em áreas deslizadas é a água no terreno. Então, era preciso retirar a água para que pudéssemos trabalhar no terreno. Muitas vezes a resposta está na pergunta, a solução está no próprio problema, mas estamos tão envolvidos com tantas variáveis da situação, assim como quando uma pequena dificuldade ou grande desastre acontece, que não vemos de imediato algo que parecia óbvio. Nesse caso nem seria necessário recorrer a manuais e teorias, essa era uma técnica que aplicamos em nosso curso, na qual a água é justamente a solução para alguns casos de soterramento parecidos com aquele. Isso só reforça a importância dos treinamentos para poder colocar cada vez mais ferramentas em nossa bagagem, pois um dia precisaremos tomar decisões em meio a um caos de informações, então teremos que nos basear nessa bagagem de experiências, nas boas e também nas ruins.

Provavelmente todas as áreas de intervenção estariam com esse problema. Fiz contato via rádio para uma aeronave me pegar e pedi para sobrevoarmos outras áreas de intervenção para ver se essa poderia ser uma solução em outros locais. E funcionou.

À tarde recebemos a delegação de Israel. À frente dela estava o coronel Golan.

Assim que chegaram, junto com nosso comandante-geral, eu fiz uma breve explanação sobre as nossas operações e sobre tudo que pretendíamos fazer no local. O número de desaparecidos ainda era alto, mais de 300 pessoas ainda não localizadas. E mesmo com tantas incertezas e dificuldades vi o coronel Golan elogiando a estrutura e a operação para nosso comandante.

Então fomos a campo para que ele pudesse ver como estava a situação:

— Eu nunca vi um cenário desse — ele me relatou.

— A situação é bem peculiar aqui, coronel. Mas vamos fazer o nosso melhor.

Passamos em todos os pontos e ele observava atentamente como trabalhávamos.

No final do dia nos reunimos na frente da Igreja para conversar sobre a colaboração e ficamos a sós:

— Você é um bom líder.

Olhei com uma cara que não estava entendendo direito ou que minha tradução estivesse errada, afinal eu não podia acreditar que aquele experiente comandante de uma das tropas mais qualificadas do mundo estivesse bem ali na minha frente, no interior de Minas Gerais, referindo-se ao trabalho que estávamos desempenhando ali.

— Sim, o coronel Estevo é um bom líder.

— Não tenho dúvidas. Mas falei de você também.

Olhei novamente com cara de desentendido.

— Quando você chegou nos locais de trabalho, saudou todos os militares que ali estavam, ofereceu até água para alguns e perguntou se precisavam de algo. Esse é o papel do líder. Se você se preocupa com eles, se você tem certeza de que eles estão bem, a missão estará bem também.

— Obrigado, coronel. Mas entendo que esse sejam minhas obrigações. Dar o treinamento necessário, os recursos suficientes e as instruções claras são o mínimo que posso fazer por eles, por estarem aqui se esforçando muito para cumprir essa missão. Se eu puder estar ao lado deles, melhor.

— Um momento — ele fez um sinal com a mão de espera, tirou um caderno do bolso e começou a anotar. — Poderia repetir, por favor?

Eu não estava acreditando. Aquele senhor era um comandante com mais de três décadas de muito trabalho. Eu repeti as minhas obrigações e ele anotou mesmo item por item. Então me senti mais à vontade para perguntar algo.

— Coronel, como o senhor viu o número de desaparecidos aqui ainda é muito grande e a dificuldade para localizá-los é enorme. Até quando o senhor acha que devemos procurar?

— Até quando o seu coração mandar.

Eu jamais esqueci disso.

Quando devemos parar? Era uma dúvida que eu sempre tive, mas não consegui uma resposta exata em todos os cursos e livros. Apesar de ter estudado muito, eu nunca tinha lido nada a respeito disso. Não vi na literatura ou em manuais de salvamento que falasse quando uma busca deveria ser encerrada. E o coronel Golan disse algo muito simples, do fundo do seu coração, mas com toda sua razão.

Então agradeci e retornei para planejar como seriam nossos dias dali em diante. Apesar de termos encontrado boas maneiras de agir rapidamente naquela tragédia, dava para saber que seriam muitos dias e que, seguindo o conselho do coronel Golan, ninguém da nossa equipe ia querer desistir até encontrar a última vítima.

Sentei-me à frente do computador e uma quantidade de anotações cada vez maior estava ali, aguardando para se transformar em pontos no mapa. Assim que comecei, fui interrompido:

— Capitão, tem uma senhora na porta. Ela quer entregar algo para o senhor.

Levantei-me e fui até ela. Para minha surpresa, lá estava a Dona Doroti, que havia pegado minha farda pela manhã. Tinha um semblante calmo, com um leve sorriso no rosto e um olhar de quem tinha cumprido sua missão, aquela que ela mesmo se prontificou a realizar, utilizando aquilo que sabia e o com os recursos que dispunha naquela situação. Ela segurava um saco plástico onde estava a minha farda costurada, lavada e passada.

— Nossa! Eu não tenho palavras para agradecer. A senhora me salvou.

— Capitão, eu que agradeço tudo o que o senhor e sua equipe estão fazendo aqui. Pedi também pra minha irmã e para meu marido ajudarem. Então se o senhor não se importar, queria recolher as outras roupas que estão ali penduradas para trazer amanhã.

Quando eu olhei para onde apontou, tinha um monte de farda suja dos outros bombeiros.

— Nossa, senhora! Vai dar trabalho demais para vocês.

— Mas o senhor não acha que vai ser bom para eles?

Aquela senhora tinha toda razão. Pela primeira vez naquela operação eu poderia vestir uma farda limpa e com certeza faria uma diferença enorme pra mim, não apenas pelo conforto de ter uma roupa lavada para usar e que ajudaria até a me movimentar melhor. Aquele seria um gesto para dar um pouco mais de dignidade para aqueles homens e mulheres que se jogavam e rastejavam pela lama, além de demonstrar o quanto eles eram importantes para as vítimas, para os moradores e para muita gente que admirava o que eles estavam fazendo ali. Eu apenas concordei, agradeci e saí.

Terminei o planejamento do dia seguinte e pela primeira vez iria descansar de verdade. Estava praticamente três dias sem dormir. Desde que chegamos em Brumadinho, minha cabeça não parou de funcionar, mas naquele momento eu me sentia bem. E conforme prometido, eu dormiria no altar. Como de praxe fiz minha oração, agradeci a proteção e pedi a Deus que me iluminasse e que me guiasse para ajudar aquelas pessoas. E finalmente dormi.

APRENDIZADOS DE UM DESASTRE

Acordei com um alarme. Era o alerta do meu telefone que tocou às 4h30, na manhã do quarto dia. Eu me sentia bem. Ter descansado, ainda mais num altar, era na minha cabeça e para meu corpo como se uma nova fase daquela operação fosse iniciar. Coloquei minha farda limpa e fui em busca de um café.

Na área de refeição que foi montada, a tropa começou a chegar para se alimentar. Peguei o que precisava e fui preparar as instruções do dia. Não havia grandes mudanças, então reforcei sobre o processo de sinalização e como fazer a drenagem no terreno. Terminadas as orientações, reunimos o grupo num grande círculo e fizemos a oração. As equipes foram liberadas para mais um dia de trabalho.

– Capitão, aquela senhora quer falar com o senhor – aproximou-se um militar e apontou para a Igreja.

Era a Dona Doroti.

- Bom dia, Dona Doroti – a recebi com um sorriso no rosto.

– Bom dia, capitão. Eu vim lhe entregar sua outra farda e tenho uma surpresa para o senhor. Tá aí dentro do pacote.

Olhei para o saco plástico e vi que tinha um envelope, onde estava escrito:

"*Agradecimento aos Bombeiros (meus heróis)*"

Sentei em um banco e comecei a ler aquela carta. Pela letra, percebi logo que era de uma criança. Ela dizia:

"Os anjos existem!

Mas diferente do que imaginamos eles não possuem asas e nem poderes celestiais.

São como nós pessoas normais.

O amor ao próximo é o que tornam especiais.

Estes anjos estão sempre prontos a ajudar. E arriscam suas vidas para outras vidas salvar.

São fortes, guerreiros e enfrentam qualquer tipo de perigo para o seu próximo ajudar, mas, infelizmente, nem sempre são lembrados.

Mas isso não os impede de continuar a trabalhar buscando vidas em qualquer hora e em qualquer lugar!

Estes anjos são merecedores de todo nosso respeito, por isso são chamados de Bombeiros. Mas eu os chamo de anjos e heróis. Anjos verdadeiros.

E aqui deixo o meu e de toda a cidade de Brumadinho o nosso agradecimento a estes heróis de muita bravura e coragem.

Que Deus abençoe todos vocês."
Vitor Emanuel

Aquilo me tocou profundamente. Algumas pessoas olham para os militares e acreditam que eles sejam apenas fortes e corajosos. Como um filme que passa rápido pela cabeça, lembrei dos meus filhos, da minha esposa, da minha casa, dos meus pais, da minha carreira, dos treinamentos duros, dos homens e mulheres que estavam lá ao meu lado. Lembrei da Dona Sonia do café na faculdade, do Lucas do refeitório, da Dona Doroti que lavou a farda que eu estava vestindo e de muitas outras pessoas que poderiam estar em qualquer lugar, mas estavam ali para ajudar. Ao mesmo tempo que aquela cartinha me emocionou muito, também me trouxe uma força descomunal. Levantei e perguntei:

— Tem mais alguma carta como essa?

— Alguma? Tem centenas.

— A senhora poderia distribuir para os militares?

— Lógico, capitão. Eu sabia que o senhor ia gostar.

Eu estava muito grato por aquilo e queria que meus militares sentissem o mesmo. Era uma carta pura e despretensiosa de uma criança, que estava fazendo uma diferença naquele ambiente. Algo tão simples, mas tão grande.

Novamente me chamaram.

— Capitão, tem um sargento lá fora querendo falar com o senhor.

— Pede para ele vir aqui.

— Capitão, ele é parente de uma das vítimas desaparecidas.

Não era possível. Será que um dos nossos militares tinha perdido um parente naquele lugar? Fui até ele. Era um senhor mais velho, que estava vestido à paisana e o rosto eu não reconheci.

— Bom dia, capitão. Sou o sargento Justino, bombeiro do Paraná.

— Pois não, Justino. Como posso te ajudar?

— Capitão, perdi minha filha que estava aqui.

Aquilo era muito difícil de ouvir. Não posso dizer que sei o que ele estava sentindo, mas sei que esse é um dos meus medos. Antes de ser um bombeiro, um policial ou um médico que se prepara para salvar pessoas, somos pais ou estamos conectados a alguém que amamos. E não estar ao lado dessa pessoa quando ela mais precisava, provoca uma dor que demora a passar. Para alguns, nunca passa. Talvez com o tempo possa se transformar em força para seguir em frente e se dedicar ainda mais para que nenhum pai ou mãe sinta a mesma dor.

— Me disseram que o senhor é o responsável pela operação, então eu precisava vê-lo. Eu tô desesperado e não sei o que fazer. Minha vontade é entrar nessa lama e sair procurando minha filha.

Eu continuava olhando para ele, sendo tocado lá dentro pelo seu relato.

— Sou bombeiro e sei que ela não está mais viva. Sei que em casos assim a lama não dá muita chance. Mas eu também sou pai e minha fé é infinita. Desde o dia que aconteceu o desastre, quando meu telefone toca, eu acho que pode ser ela. Eu fico criando possibilidades impossíveis de ainda ver ela viva, de ter conseguido fugir para a mata, de estar sob algum escombro, de ter conseguido sobreviver. Então eu preciso da sua ajuda, capitão. Eu preciso que o senhor encontre minha filha para que eu possa ter pelo menos um pouco de paz no meu coração.

Eu não sabia o que dizer. Eu havia treinado muito para estar no lugar de uma vítima envolvida em algum acidente e até mesmo em um desastre como aquele, para tentar saber o que a vítima sente e encontrar formas de ajudá-la. Mas eu não tinha treinado para ser um pai que buscava seu filho, mas sem saber por onde começar. Em todas as operações que participei e que envolviam pessoas desaparecidas, eu tentava imaginar a dor que cada uma daquelas famílias sente. Nesses casos, eu agia como pai mesmo.

Mas eu já havia prometido para mim mesmo que não poderia me envolver tanto com os familiares em operações como aquela, pois isso poderia me levar a tomar decisões mais emocionais e menos racionais. Esse limite é fundamental, mas muito difícil de encontrar e só muitas experiências na bagagem podem nos ajudar a enxergá-lo e como agir para que todos envolvidos possam ter a melhor resposta.

Então, eu somente o abracei e disse:

— Tenho certeza de que o senhor já falou isso para muitas famílias durante os anos que esteve nos Bombeiros. Então, confie em nós.

Aquele bombeiro com mais de trinta anos de serviço chorava nos meus braços, como se eu pudesse confortá-lo de alguma forma. Sei que aquele abraço não era a solução que ele queria, mas era o melhor que eu poderia fazer por ele naquele momento.

Assim que ele se acalmou um pouco, conversamos e eu peguei mais informações que poderiam nos ajudar na localização de sua filha. Eu prometi, mas não adiantava. Mais uma vez eu estava me envolvendo com as famílias.

Era muito difícil, mas no fundo eu e muitos ali ainda tínhamos esperança de encontrar alguém vivo. As estatísticas mostram que em até cinco dias é possível alguém sobreviver a um desastre. Há um caso no Paquistão em que uma pessoa sobreviveu após um terremoto por 63 dias, em 2005. Mas, a despeito das estatísticas, eu sabia que as características de cada tragédia podem interferir nesse prazo. E também sabia que a lama é cruel.

No quinto dia de operação, fizemos uma homenagem para todas as vítimas.

Fui convidado para hastear a bandeira do Brasil com um estandarte que foi colocado no meio da lama. Fiquei honrado pela escolha, em poder representar todos os bombeiros que estavam naquela grande operação. Foi a primeira vez que eu chorei ali. Não tive como conter as lágrimas ao hastear nossa bandeira em silêncio, enquanto os helicópteros pairavam e jogavam pétalas de rosas em cima daquele enorme mar de lama, trazendo ao menos uma cor de esperança ou de fé para aquele cenário de tristeza.

Nessa mesma hora, as equipes que já estavam em campo e ao perceber esse gesto das aeronaves, se viraram em direção ao local da homenagem e também prestaram sua continência para todas as vítimas e famílias atingidas.

Após uma semana realmente não havia muito mais chance de encontrarmos alguém com vida na lama. E por mais que os resgates de vítimas estivesse avançando, aquilo impactava muitos militares que queria ao menos levar alguma esperança para as famílias.

Estava chegando o dia de voltar para casa. Não que eu quisesse deixar a operação, mas era necessário por conta da restrição imposta pelos responsáveis médicos de todos os militares, pois os rejeitos de minério poderiam causar danos se ficássemos expostos por muito tempo. Vale lembrar que centenas de bombeiro perderam a vida com a "doença de 11 de setembro" devido ao contato com material tóxico durante os resgates. Mas eu sabia que todas as equipes que pisassem naquela lama fariam o máximo.

Os militares que chegaram no primeiro momento e iniciaram a operação retornaram para suas bases, inclusive o tenente-coronel Ângelo, que foi fundamental para o bom andamento dos trabalhos nessa etapa bem difícil, principalmente pelo impacto de um desastre desse tamanho, os recursos ainda limitados, as diversas frentes de atenção, inclusive perante a um novo governo, e tantas dúvidas e dores que precisavam ser atendidas.

Eu permaneci por mais três dias, a fim de fazer uma transição e passar todas as informações e procedimentos para as novas equipes que chegavam.

Então, recebi uma mensagem de um morador da região. Ele se chama Arthur e disse que três parentes estavam entre as vítimas localizadas. A lama havia invadido o sítio de sua família e devastou completamente o local. E agora sogra dele estava com sinais de profunda depressão, pois deixou para trás uma santa que estava em sua família a algumas gerações e que tinha um significado muito importante para ela. Ele enviou uma foto da santa e a localização do sítio.

Eu poderia ter respondido que a prioridade das equipes naquele momento ainda era buscar pelos desaparecidos e que acessar um local como aquele sítio poderia ser arriscado até mesmo para as equipes de resgate. Mas entendi o quanto aquela santa significava para a vida daquela senhora. Para muitos poderia ser só um objeto, mas para aquela senhora, era o símbolo de fé e de esperança que ela precisava para se manter viva. Então essa poderia ser uma forma de fazer aqueles militares salvarem uma vida.

Reuni uma equipe de busca, expliquei as características e os riscos daquela situação, deixando claro que aquele resgate não era uma prioridade, pois não envolvia uma vítima soterrada, mas que poderíamos ajudar aquela senhora e a sua família a seguirem em frente. Resgate é a palavra que utilizamos quando estamos em busca de vítimas vivas. No caso de estarem sem vida, utilizamos o termo recuperação. Mas eu entendi que aquela era uma situação que poderia manter alguém vivo. E eles aceitaram aquela missão de resgate.

A equipe se deslocou para o sítio e depois de mais de cinco horas de muito esforço na lama, encontrou a santa. Estava intacta.

Independentemente de minhas crenças, tenho certeza de que o gesto daquela equipe foi muito importante para aquela senhora e também uma maneira para que aqueles profissionais tivessem ainda mais a certeza de seu propósito.

Dois dias depois recebi uma mensagem de áudio dela muito emocionada, agradecendo aquele gesto. Imediatamente compartilhei com a equipe, em sinal de meu agradecimento.

Durante a operação de Brumadinho fizemos mais uma recuperação – ou um resgate – que também me marcou.

– Capitão Farah, encontramos uma bandeira. Uma bandeira do Brasil!

Pode parecer normal, mas entre tantos objetos que estavam sendo encontrados no meio de quatro milhões de metros quadrados, que precisaríamos de uma faixa de rádio exclusiva só para falar deles. Mas aquele não era um objeto comum para nós.

– Traz para a Igreja, por favor.

No final do dia a guarnição retornou ao Posto Avançado e dois oficiais que estavam realizando o trabalho no local me entregaram a bandeira dobrada, envolta em um saco plástico.

Ela estava suja de lama. Pensei em ir ao local de desinfecção para lavar, mas por algum motivo que jamais saberia explicar, resolvi entrar com ela na nossa base, assim como foi encontrada. Naquela Igreja entre vários mapas, monitores e muitos bombeiros, eu me dirigi até ao tenente-coronel Ângelo para informar o fato inusitado:

– Comandante, essa bandeira foi resgatada da lama. O que o senhor acha de colocarmos ela ali no alto?

– Pode colocar.

Com a ajuda do João Gustavo, a colocamos no alto da igreja. Nesse momento, o tenente-coronel Ângelo, chamou atenção de todos:

– Atenção! Em continência à bandeira! Apresentar armas!

Todos os bombeiros daquele recinto se viraram e prestaram continência.

– Descansar, armas!

Nesse momento, todos aplaudiram aquele símbolo.

A bandeira ficou lá todos os dias.

Depois de dez dias do rompimento da barragem e de minha chegada em Brumadinho, seguindo as recomendações médicas, precisei voltar para casa.

Até aquele momento havíamos localizados 121 vítimas e o número de desaparecidos era de pouco mais de 220 pessoas. Ainda muito alto, mas havíamos avançado muito naqueles primeiros dias.

Antes de deixar Brumadinho, lembro-me de uma entrevista na qual um repórter me perguntou:

– Capitão, até quando vocês vão continuar as buscas?

Lembrei do coronel Golan, ouvi meu coração e respondi:

– Até quando encontrarmos todos.

– Mas pela quantidade de vítimas e pela área atingida pode chegar um momento que vocês terão que desistir das buscas.

– Para nós, desistir não é uma opção.

E foi justamente assim que a história seguiu por muitos dias, meses e anos. Com o passar do tempo a estatística se transformou em fé. A estatística se baseia em dados, em possibilidades. Já a fé é algo que não tem embasamento científico, nada que a explique com precisão absoluta. É algo que se sente, que sabe ser possível realizar por alguma razão, mesmo sem outra explicação. A minha fé dizia que era possível encontrar todas as pessoas para que todos os corações pudessem ficar em paz.

A filha do senhor Justino foi encontrada e de alguma forma ele pôde ter paz.

No dia de deixar o Posto Avançado, passei as últimas instruções para os comandantes que dariam prosseguimento até uma nova troca de equipes e me despedi. Quando estava me aproximando da viatura que me levaria para o quartel em Belo Horizonte, notei um bilhete preso no para-brisa. Abri e estava escrito:

"Que Deus abençoe cada um de vocês!

Obrigado por tudo"

Peguei aquele pedaço de papel com mais uma demonstração de todo o afeto que ajudou a seguirmos em frente com aquela missão. Acredito que não tenham noção, mas ajudaram a salvar e transformar muitas vidas. Essas pessoas são heróis e heroínas de verdade.

Guardei o bilhete junto a outras cartas de crianças, moradores e familiares que recebi durante aqueles dias.

Entrei na viatura e partimos em direção a Belo Horizonte. Antes da viatura chegar no nosso batalhão, desembarquei em um local mais próximo de minha casa e pedi para minha esposa me resgatar ali. Como eu estava exausto, sentei no meio-fio da calçada para aguardar. Segundos depois, notei um homem que saía com algumas sacolas de compras de dentro de um mercado do outro lado da rua. Ele olhou para mim, parou e atravessou a rua na minha direção. Ao chegar próximo, ele me disse:

— Tudo bem? Eu vi você aí e queria agradecer o que vocês estão fazendo lá em Brumadinho — ele colocou a mão em uma das sacolas e continuou. - Toma esse suco para ver se isso ajuda um pouco.

Eu não estava esperando aquilo. Imediatamente eu me levantei e perguntei se poderia lhe dar um abraço. E ele me disse:

— Eu é que quero lhe dar esse abraço.

Até hoje eu não sei quem é aquele homem. Só sei que gestos como esses são um dos principais motivos que me fazem seguir em frente e enfrentar tantos momentos difíceis.

A minha volta para casa depois de dias tão intensos me permitia a chance de abraçar meus filhos e minha esposa. Chance que muitos não tiveram naquele desastre.

Meus comandantes e minha família esperavam que eu pudesse me desconectar. Mas todos os dias eu acordava para acompanhar as atualizações sobre a operação, buscar mais notícias pela internet e conversar com militares das equipes que seguiam na operação, principalmente com o capitão Josias, que à época me substituiu. Eu não conseguia me desligar. Pensava em como poderia ajudar mais, como fazer melhor e dar algum conforto para aquelas famílias.

Voltei mais algumas vezes para a Brumadinho, sempre respeitando os intervalos impostos pelos médicos. A cada dia ou mês que passava sempre havia mais alguns resgates, mas com o tempo ficava mais difícil localizar as vítimas. O cenário havia mudado um pouco, mas o que não mudava em relação à comunidade e às pessoas de outras partes do país era a gratidão pelo empenho dos Bombeiros.

Em uma das vezes que retornei a Brumadinho, pude atender a mais um pedido de um dos moradores. Dessa vez era um garoto que faria aniversário e gostaria que o tema de sua festa fosse "Bombeiro". Claro que aceitamos com muito orgulho. Era alguém que estava convivendo num ambiente de tristeza e queria comemorar mais um ano de vida, então ele escolheu se inspirar naqueles que traziam um pouco esperança. Os familiares dele prepararam o bolo que mostrava um bombeiro ao lado do Homem de Ferro, Thor, Hulk e Homem-Aranha. Recebemos o garoto num espaço improvisado na nossa base, tiramos muitas fotos e trocamos abraços. Não foi uma festa. Mas foi marcante para ele e para nós.

Em outro momento, a comunidade fez uma homenagem. Eles prepararam uma espécie de cerimônia para nos condecorar com uma medalha, a Medalha do Córrego do Feijão. Já recebi algumas honrarias, certificados e medalhas oficiais, mas sem hipocrisia posso afirmar que para mim essa é uma das mais importantes que ganhei ao longo de minha carreira e que guardo com todo carinho.

Ao longo de três meses de idas e voltas a Brumadinho eu aprendi muitas lições com as pessoas naquele local.

Infelizmente naquela lama também pude ver o lado ruim de alguns seres humanos. Apesar de todos os cuidados tomados pelas autoridades, soube que pessoas se aproveitaram para saquear casas destruídas, fingiram ser moradores do local para receber indenização e outras com certidões de nascimento de quem nunca existiu para tentar receber uma futura indenização dos responsáveis pelo desastre. Alguém fez uma de nossas equipes se arriscar numa brincadeira ao indicar o nome de sua ex-esposa como morta. Esse ainda não sabe que há coisas piores que a morte.

Mas eu também vi muito mais gestos que me faziam acreditar na minha profissão e na humanidade.

Vi que uma farda limpa pode ajudar a salvar alguém.

Vi que um abraço pode trazer um pouco de paz para o coração de um pai.

Vi um garoto prestando continência a militares para mostrar seu respeito e sua gratidão.

Vi um mural enorme que chamamos de "Correio da Esperança" com centenas de cartas de crianças de Brumadinho e do Brasil inteiro, que passaram a chegar constantemente no Posto Avançado, fazendo crescer uma torcida enorme pelos bombeiros e para todos que se dedicavam aos resgates. Eram tantos papéis coloridos que precisamos criar um espaço específico ao lado de onde os bombeiros pegavam suas fardas limpas e poderiam ver muitos desenhos pendurados ou pegar algumas para ler. Eu guardo algumas com muito carinho até hoje. As mensagens traziam palavras de apoio, inspiração, agradecimentos e até nos lembravam de ligar para nossas famílias, como:

"Bombeiro, sua mãe deve estar preocupada"

Outras nos tocavam e nos motivavam a continuar intensamente na procura:

"Bombeiro, acha meu pai"

Enquanto a operação seguia em Brumadinho, num desses dias que eu estava em casa o Theo, meu filho mais novo, perguntou:

— Papai, o que é um desastre?

Fui evasivo na resposta.

— Desastre é algo muito ruim, quando pessoas somem e se afastam da sua família.

Naquele mesmo dia me esposa falou.

- Léo, sai da frente desse computador. Nossa família tá aqui e os meninos estão com saudade de você.

Ela tinha razão. Tantas pessoas já tinham perdido sua família e eu ainda permanecia afastado da minha. Fui aonde meus filhos estavam e, para minha surpresa, Theo estava conversando com a Siri, a assistente virtual da Apple.

— Siri, o que é um desastre?

— Uai, Theo, papai não te explicou?

— Eu sei, mas acho que você também está com desastre. Às vezes você some e se afasta da família.

Eu realmente precisava descansar e me salvar daquele desastre.

JOIAS

270 joias.

Era assim que passamos a chamar as 270 pessoas que perderam a vida em Brumadinho e outras duas crianças que estavam esperando para nascer.

Ninguém sabe ao certo como esse nome surgiu, mas eu desconfio que tenha sido pela leveza do coração do major Josias, um dos militares que mantém fé até hoje que todas as joias podem ser encontradas. Mais de dois anos depois, seguem as buscas por sete joias.

Ao longo desse período, mesmo estando distante fisicamente das operações em campo, cada vez que uma joia era encontrada, o major Josias me ligava ou mandava uma mensagem. Ele sabia que de alguma forma eu permanecia conectado com tudo aquilo desde o início e que me faria muito bem saber que uma família receberia a notícia, não exatamente aquela que gostaria, mas uma que lhe permitiria seguir em frente.

Confesso que demorei para escrever esta história, pois sempre tive fé que encontraríamos todas as joias em Brumadinho antes disso. Os bombeiros não paravam por nada, até que um vírus aterrorizou o mundo e fez nossas equipes recuarem. Tempos depois, assim que a pandemia deu uma trégua e diminuiu os riscos de contágio, a operação foi retomada, seguindo os protocolos de segurança e continuamos a encontrar joias.

No dia 14 de março de 2019 fui até Brasília com um grupo de militares, pois nossa corporação foi homenageada no Congresso Nacional. Levamos conosco aquela bandeira encontrada na lama, como um símbolo de união dos bombeiros, aqueles que acima de tudo se dedicam a ajudar pessoas independentemente de sua cor, gênero, crença, profissão, classe social ou posição política. Depois da cerimônia, a bandeira voltou para nossa base em Brumadinho e deverá ficar ali até o último dia dessa operação.

Pouco depois embarquei para uma das missões mais difíceis da minha vida, em Moçambique. Era abril de 2019, um ciclone havia destruído parte do país africano. Fomos num grupo de vinte bombeiros para prestar ajuda humanitária e ficaríamos por vinte dias, mas um novo ciclone atingiu a região enquanto estávamos lá e precisamos estender a nossa permanência em mais vinte dias. Foi uma ação muito complicada, principalmente pelas diferenças culturais e sociais que encontramos naquele país. Mas isso já é outra história.

Muita coisa aconteceu na minha vida, entre elas a ocorrência mais difícil da minha carreira, exatamente um ano depois de Brumadinho.

Dia 25 de janeiro de 2020.

Eu também estava de férias nesse período. Então recebi uma mensagem de áudio no nosso grupo dizendo que dois bombeiros haviam sido soterrados em uma ocorrência após fortes chuvas. Pensei que eram dois companheiros da nossa companhia, já que os militares estavam atendendo ocorrências de deslizamento todos os dias naquele período. Imediatamente coloquei minha farda, peguei meu carro e fui até o local. Chegando lá me apresentei para a comandante da operação, a major Stella, que havia sido minha chefe de curso quando iniciei como soldado. Eu disse que estava ali para ajudar e ela me direcionou para o local onde os dois bombeiros de outra guarnição estavam soterrados.

A situação estava muito tensa. Trabalhamos por horas naquele local, retiramos um dos militares, até que outro deslizamento aconteceu. Parte da parede caiu em cima de mim. Eu e dois militares que estavam ao meu lado, cabo Menon e sargento Lázaro, fomos atingidos. A situação era muito critica, então resolvemos retirar a alça do capacete para ter um espaço para respirar, caso fôssemos completamente soterrados.

O bombeiro que permanecia preso até a altura do peito me pedia para não deixá-lo morrer ali. Durante minha carreira nessa posição que exige confiança, inclusive numa situação como essa, eu aprendi a não fazer promessas que não tinha a absoluta certeza de que seriam cumpridas. Nesse momento disse para aquele companheiro de farda:

– Prometo que nós vamos sair daqui juntos!

Eu não sabia se seria vivo ou morto, mas eu não ia desistir. Graças a Deus, estou aqui contando essa história. E depois de alguns dias receber a mensagem de agradecimento do filho daquele bombeiro foi uma das maiores emoções que eu já senti, pois mais uma vez me fez lembrar da minha família.

Logo depois dessa ocorrência fui transferido e tive que deixar o comando das equipes do BEMAD. Foi muito difícil.

Meses depois resolvi pedir uma licença temporária da corporação. Minha vida seguiu em frente por outros caminhos e mais próximo de minha família. Já para os parentes e amigos das 270 joias a vida parou no momento que aquela barragem rompeu em Brumadinho.

Eu realmente queria terminar essa história de uma forma diferente. Mas sabemos que para muitas pessoas não houve um final feliz.

Talvez a única coisa que eu possa dizer para essas famílias, os moradores da região e para todos que veem os esforços dos "Bombeiros de Brumadinho" e de tantas outras missões que acontecem diariamente pelo mundo é que nem sempre as histórias que participamos podem ter o final feliz que desejamos, como num filme de super-herói.

Aliás, alguns chamam os bombeiros de heróis, pois estão sempre dispostos a fazer algo extraordinário se alguém precisa de ajuda, como encarar um perigo quando todos estão na direção contrária tentando escapar. Ou seja, é também um personagem que surge no momento mais difícil da história de alguém. Mas, diferente da ficção, não faz isso sozinho, pois os bombeiros funcionam como um Corpo. Para isso treina, e treina muito.

Bombeiro é um homem ou uma mulher, um pai ou uma mãe, um filho ou uma filha, que sai para trabalhar sem saber o que vai enfrentar nas ruas e até mesmo quando vai conseguir voltar para casa. Sente dores, saudade, tem medo e sofre muito quando o final não é aquele que imaginava.

Bombeiros não têm *superpoderes*. São motivados pelas *superações*, como a vontade de ultrapassar limites para ajudar outras pessoas e também pelos gestos de, agora sim, heróis de verdade.

Heróis de verdade são pessoas comuns que não tem treinamento, nem são especialistas em resgates em altura, enchentes, desabamentos ou buscas no meio da lama.

Heróis de verdade têm o poder de transformar um momento, um sentimento e de ajudar a salvar o mundo de alguém, muitas vezes sem ter a dimensão disso. Podem se revelar através de um desenho, um bilhete, uma farda limpa, uma santa, um café, uma presença, um abraço ou um simples agradecimento.

Heróis de verdade ensinam que qualquer pessoa pode ser um herói de verdade. Não é preciso usar farda laranja, nem ter coragem para se jogar na lama. Basta não bater o sino quando alguém estiver precisando de ajuda.

FOTOS

CURSO DE OPERAÇÕES EM DESASTRES

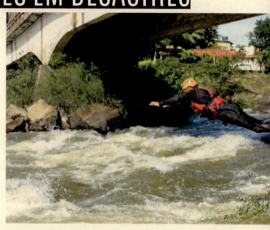

Foto: Douglas Magno

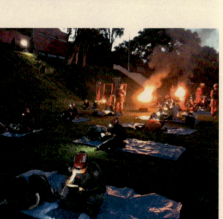

Foto: Fellipe Moraes

Foto: Fellipe Moraes

Foto: Fellipe Moraes

Foto: Douglas Magno

Foto: Fellipe Moraes

OPERAÇÃO BRUMADINHO

Foto: Douglas Magno   Foto: Helbert Antônio de Alcântara

Foto: Douglas Magno/AFP

Foto: Douglas Magno/AFP

Foto: Mitchell Nazar

Foto: Douglas Magno

Foto: Arthur Jung

Foto: Douglas Magno/AFP

Capitão Farah e Tenente Coronel Ângelo

Foto: Douglas Magno/AFP

HERÓIS

Foto: Doroti Campos

Foto: Doroti Campos

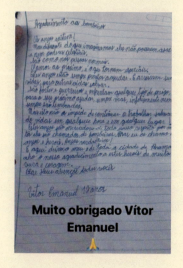

Muito obrigado Vítor Emanuel

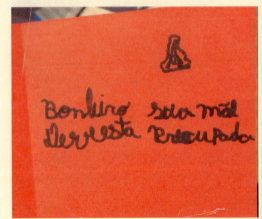
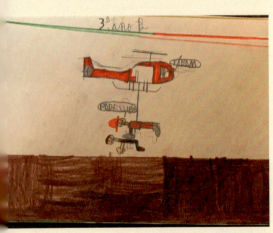